Colônia Espiritual
Novo Amanhecer

Orlando Noronha Carneiro

Colônia Espiritual Novo Amanhecer

Pelo espírito Abelha

CEAC
EDITORA

Dados Internacionais de Catalogação na Publicação– CIP
(Elaborada por Danielle da Silva Pinheiro - Bibliotecária CRB8-7316)

A141c Abelha [Espírito],

Colônia espiritual Novo Amanhecer / Espírito Abelha, [obra psicografada por] Orlando Noronha Carneiro. -- Bauru, SP: CEAC, 2021.

216p.; 15,5 x 22,5 cm

ISBN:978-65-990612-7-1

1. Espiritismo 2. Mundo espiritual 3. Romance espírita I. Título.

CDE 80.02.00
CDD 133.93

Índice para catálogo sistemático:
1. Espiritismo
2. Romance Espírita

Revisão de Língua Portuguesa
Tânia Lins

Projeto Gráfico - capa - diagramação
Renato Leandro de Oliveira

Imagens da capa
Phil Desforges - Unsplash

5ª Edição – abril de 2024
3.001 a 3.400 exemplares

Edição e Distribuição

CEAC
EDITORA

Rua 07 de Setembro, 8-30
Fone (14) - 3227-0618
CEP 17015-031 – Bauru SP
www.editoraceac.com.br
www.radioceac.com.br
www.tvceac.com.br
www.ceac.org.br

"Acredito que Deus não fixou as estrelas que rutilam na imensidão do zimbório apenas para presentear os nossos olhos com a divina beleza, mas, também, para apontar onde se encontram os amores de nossas vidas, quando se ausentaram efemeramente pelo processo da morte, que absolutamente não existe."

André Bráulio dos Santos (Abelha)

PREFÁCIO

EM UMA DAS ESTRELAS

"Ele o conduziu para fora e disse: Ergue os olhos para o céu e conta as estrelas, se as podes contar."[1]
Gênesis 15:5

O Universo é a expressão do Pensamento de Deus.

Pululam infinitas moradas, acolhendo todas as criaturas, Seus filhos, em processo inexorável de evolução, atendendo a Lei do Progresso.

Somos herdeiros da Imortalidade!

Existe uma conectividade entre todas as dimensões espirituais orquestrada pelas Leis de Sabedoria e de Amor e estabelecida pelo Grande Arquiteto da Vida.

O homem que palmilha as experiências na escola planetária denominada Terra não está isolado no Universo.

---

1 **Bíblia de Jerusalém**. 1ª Edição, 2002, 14ª Reimpressão, editora Paulus, 2020.

Jesus anunciou as Moradas Espirituais, consoante anotado por João, um dos seus discípulos, no capítulo 14, versículos de 1 a 3, ao informar para a humanidade que "Há muitas moradas na casa de meu Pai."

Podemos associar esta elucidação do Mestre de Nazaré, também, na anotação de João, capítulo 18, versículo 36, respondendo a inquirição de Pilatos que "Meu reino não é deste mundo", fundamentando o princípio da vida futura como destino inevitável de todos os homens.

Assim sendo, segundo os preceitos de nosso Governador Planetário, no cruzamento das informações anotadas por João, especificadas acima, somos remetidos à compreensão lógica de que, após o decesso das forças biológicas na chamada morte física, todos, indistintamente, alçamos voo para as moradas espirituais, porque outros reinos espirituais ascendem triunfantes, além das percepções limitadas do sensorial do homem.

Reportando aos ensinos imorredouros do Mestre de nossas vidas, o Educador de nossas almas presenteou a humanidade por amor a todos nós com a chegada do Espiritismo, à maneira de um farol a alumiar a visão da humanidade.

Intensifica-se o contato consciente entre os dois planos da vida, e Allan Kardec, o missionário de Jesus, perguntara aos Sublimes Mensageiros Espirituais, integrantes da equipe do Divino Amigo, quanto ao Mundo Espiritual e a Imortalidade da Alma, no que as Veneradas Entidades responderam, respectivamente, em *O Livro dos Espíritos*, na parte segunda, especificamente capítulo 1, "Dos Espíritos", subtema "mundo normal primitivo", e no capítulo 3, "Da volta do Espírito, extinta a vida corpórea, à vida espiritual", desdobrando pormenorizadamente o pensamento genuíno de Jesus, anotado por João.[2]

Por conseguinte, os homens em viagem ao mundo das formas são esclarecidos pelo Grande Pedagogo de Deus que ninguém está sem lar no plano da vida.

Quando da ocorrência da chamada morte, que não existe, somos compelidos a encontrar conosco mesmos em uma das infinitas estrelas que cintilam na abóbada celestial.

Nosso amigo André Bráulio dos Santos, conhecido carinhosamente como Abelha, apresenta-se para nós como admirável exemplo no sentido de que, após identificar-se e ajustar-se com dignos valores morais no mundo espiritual, conscientemente, não se prostrou na cama da lamentação, não se deixou envolver pelo tóxico da tristeza.

Colocou a mão no arado, divisou a estrada que lhe assomou à frente e passou a caminhar destemerosamente buscando servir.

Compreendeu que lamúria é desperdício de tempo.

---

2 Nota do autor espiritual: convida-se o leitor amigo a consultar *O Livro dos Espíritos* nos tópicos registrados, refletindo sobre todas as questões formuladas por Allan Kardec e as respostas emitidas pelos Nobres Instrutores da Humanidade.

Compreendeu que por mais ainda que carregue lutas íntimas a serem vencidas, Jesus não lhe colocaria obstáculos ao empreendimento no labor, porque justamente é no serviço constante que burilamos o nosso coração.

Pensando no sofrimento do homem que ainda debate-se na experiência das lições necessárias no casulo físico, muitas vezes defrontado pelas incertezas e pelos contos fantasiosos do materialismo, contando com o apoio dos instrutores que lhe amparam na pátria espiritual, Abelha anuiu em compartilhar as experiências vividas além dos sentidos fisiológicos.

Nosso amigo não teve outro objetivo senão afirmar para todos que desfrutarem da leitura deste modesto trabalho que é preciso prosseguir, mesmo diante das dificuldades; quando ocorrer o tropeço, reerguer-se sem desânimo e, ainda, quando a vida chamar ao testemunho de devolver alguém que amamos para o seio do Criador, atendamos ao Senhor por nossa vez, saindo "de nossas limitações", para contemplar, as infinitas estrelas onde em uma delas é a morada de quem amamos, lembrando sempre que um dia a Ele retornaremos para o grande abraço sem adeus.

NATHANAEL
(Wenceslau Braz/PR, 19 de julho de 2021)

Sumário

1

O DESPERTAR

A alma, após a morte, conserva a sua individualidade?

"Sim; jamais a perde. Que seria dela, se não a conservasse?"

(*O Livro dos Espíritos*[3] – Questão 150)

Como comprova a alma a sua individualidade, uma vez que não tem mais corpo material?

"Continua a ter um fluido que lhe é próprio, haurido na atmosfera do seu planeta, e que guarda a aparência de sua última encarnação: seu perispírito."

(*O Livro dos Espíritos* – Questão 150. a)

Descerrei os olhos e vislumbrei um quarto extenso, enfileirados com leitos simetricamente posicionados lado a lado, albergando pessoas nas mais diferentes condições de expressões, umas absorvidas por sono profundo, outras de olhares fixos a se perderem no infinito.

Retomei pouco a pouco a memória, estampando a imagem em que o veículo desgovernado fora lançado violentamente para o alto, consequentemente o acidente.

---

3 Kardec, Allan. tradução Guillon Ribeiro. O Livro dos Espíritos. Edição 87. Brasília, DF; Federação Espírita Brasileira, 1994

Comigo estavam o Paulinho e o Adalberto, amigos de caminhada.

Decerto, em razão do impacto, a inconsciência me dominara, porém, agora despertara; corações abnegados haviam me socorrido; fui transferido para um hospital.

O quadro que identificava era sem dúvida alguma um hospital.

Estava alojado em uma enfermaria, recebendo atendimento cuidadoso, enfim, estava vivo; maneei o rosto para a direita e para a esquerda à procura dos amigos, sem conseguir encontrá-los.

Onde estariam meus pais e irmãos? Provavelmente não era horário de visitas, mas ansiava contatá-los, falar-lhes que tudo não passara de um susto e que a vida correria em seu curso normal.

A sede incomodava, ainda não sentia fome, contudo, a inquietude parecia querer dominar-me.

Alguém precisava prestar esclarecimentos: onde me encontrava e quando poderia rever meus familiares?

O raciocínio esfervilhava com rapidez. Observei o meu corpo e não vi nada que pudesse denotar modificações.

Realmente tivera sorte, pois não ocorrera nenhuma fratura, não havia qualquer atadura nas pernas e nos braços, ou colete no pescoço e abdômen, apenas uma sensação de corpo dolorido.

Sentia, sim, um pouco de vertigem, estava instável. Vestia a roupa característica dos que se encontram internados.

A veste era bem dos doentes em convalescência, toquei o rosto, os cabelos, tudo em ordem. Em dado instante, nos minutos em que divagava em sucessivos pensamentos, situando–me no espaço e no tempo, uma senhora se apresentou ao lado do leito, expressando simpático sorriso, trazia nas mãos pequena bandeja portando copo com água e alguns medicamentos.

Quebrando o silêncio, a bondosa enfermeira iniciou o diálogo:

– Está melhor, André? Como se sente?

– Estou sentindo um pouco de tontura, mas, do resto, creio está tudo bem!

– Sou Carolina. Presentemente estou responsável pelo seu atendimento... Iremos agora medicá-lo, segundo a prescrição indicada pelo Dr. Álvaro.

Preparando a medicação, a enfermeira cuidadosa ajudou na administração. Não encontrei dificuldades para movimentar as mãos; com uma mão segurei firme no copo com água e com a outra mão peguei as medicações, tomando ligeiramente.

Na primeira oportunidade iniciei as perguntas que incendiavam o meu coração:

– Carolina! A que horas meus pais virão em visita? Já estão cientes de que estou bem?

– André, fique sereno, tranquilo, aguardemos o Dr. Álvaro que lhe atenderá, respondendo-lhe as questões íntimas.

Estranhei a resposta emitida diante da pergunta simples e natural de um filho preocupado com seus pais, ainda assim insisti:

– E meus amigos, Adalberto e Paulinho? Estão bem?

Colocando as mãos em meu ombro, Carolina atendeu-me o anseio:

– Sim, André, estão todos bem.

– Quando o Dr. Álvaro virá ao meu encontro?

– Não demorará, está em visita a outros pacientes, sua

vez chegará, amigo. Agora repouse, você carece descansar e reaver as energias.

No íntimo refletia que alguma coisa havia acontecido. Será que meus pais passaram mal devido ao acidente? Assim sendo, Carolina omitia informações, preservando-me de maiores preocupações.

Outros pacientes naquela enfermaria eram motivo de desvelo por Carolina, que a meu ver responsabilizava-se por todos.

À medida que os ponteiros deslizavam no relógio fixado na parede defronte ao meu leito, algumas reminiscências afloravam. No período de desfalecimento, sonhara, ouvia claramente o choro de minha mãe. Desejava acordar para tranquilizar mamãe, dizer-lhe que tudo estava indo bem.

Sonho misturado com lembranças de minha infância, como um filme a desenrolar imagens esquecidas. Surpreendia-me pelo reavivamento da memória.

Envolvido em minhas recordações, escutei uma voz suave, todavia, segura:

– André!

Despertei e divisei a figura de um senhor, com certeza, médico, era o Dr. Álvaro.

– Dr. Álvaro!

– Sou eu, André, vejo que está disposto e lúcido.

– Percebo – que pouco a pouco estabeleço sintonia com o ambiente. Graças a Deus a memória está intacta, Dr. Álvaro. Com o impacto violento do acidente, a situação poderia ser pior.

Em tom paternal, após apontamentos carinhosos, o médico não se deteve na informação surpreendente que ouvi, conquanto o fez de forma cuidadosa.

– André, chega-nos o momento oportuno para esclarecer a sua situação. O ambiente acolhedor de agora, sem maiores modificações, é o palco de novas realidades. O acidente ocorrido processou transformações em sua senda. Como você pode perceber, está vivo, não é, meu jovem?

– Sim! Sim! – exclamei.

– A vida continua – prosseguiu elucidando o médico sincero. As suas experiências, agora, ocorrem em dimensões espirituais.

– Como! – expressei-me surpreso e confuso.

– Acalme-se, eu não seria contundente em usar a expressão morte, mas, meu filho, você prossegue na vida espiritual, porquanto as suas experiências humanas se findaram. Você não está sonhando, meu jovem. Há pouco pôde se observar, não é mesmo? A vida não cessa com a morte do carro biológico. A vida segue seu curso além dos domínios físicos. André, você está pleno em sua individualidade, mantendo seu acervo cultural e emocional, patrimônio eterno, que herdamos do Criador, na vida sem fim. Você, assim como ninguém no Universo, não está desamparado. Sei de sua espera pela visita de seus pais, no entanto, desejo-lhe trazer a presença de uma pessoa muito especial para você.

Não havia como ter dúvidas da nova realidade, porque reconheci o meu avô Antônio. Ele surgiu simples, conforme sempre o foi, correndo ao meu encontro, a envolver-me em abraço firme e protetor.

Aquele abraço era o apoio providencial de hora grave em que não poderia postergar a grande realidade de mim mesmo: o acidente engendrou o meu desligamento do corpo físico.

Ante a notícia e a presença de meu avô, perguntas multiplicavam-se em meus pensamentos. Eram infinitos "porquês", "como pode ser assim." Realmente a morte não existe? O sufoco interior avassalava os meus sentimentos; não gritei desesperadamente, porque tinha como escudeiro o abraço de vovô, querido avô Antônio, pai de minha estrela mãe!

2

PALAVRAS RECONFORTANTES

Os Espíritos se reconhecem por terem coabitado a Terra? O filho reconhece o pai, o amigo reconhece o seu amigo?

"Perfeitamente e, assim, de geração em geração."

(*O Livro dos Espíritos* – Questão 285)

Nossos parentes e amigos costumam vir-nos ao encontro quando deixamos a Terra?

"Sim, os Espíritos vão ao encontro da alma a quem são afeiçoados. Felicitam-na, como se regressasse de uma viagem, por haver escapado aos perigos da estrada, e ajudam-na a desprender-se dos liames corporais. É uma graça concedida aos bons Espíritos o lhes virem ao encontro os que os amam, ao passo que aquele que se acha maculado permanece em insulamento, ou só tem a rodeá-lo os que lhe são semelhantes. É uma punição."

(*O Livro dos Espíritos* – Questão 289)

A presença de meu avô alentava o meu coração diante de minha nova condição existencial. Não saberia exprimir com fidelidade o que realmente pairava em meus sentimentos.

A imagem de meus pais surgia automaticamente em minha tela mental, os meus irmãos, os amigos, os meus compromissos; jamais poderia prever o turbilhão de ideias que assomava requisitando entendimento ante os enigmas da vida.

Vovô acompanhava o meu pranto copioso, que vertia de uma saudade crescente.

A transferência de plano estimula a um encontro com nossa própria consciência. No mundo físico procurava concatenar as ideias, dia a dia, idealizando o futuro ao meu alcance, no entanto, agora, as inquirições pareciam uma represa a transbordar em busca da verdade.

Notei que vovô, em silêncio, mas atento, deixava-me entregue ao curso de meus pensamentos.

Foram minutos de mutismo, mas que pareciam uma eternidade.

Atendendo a minha carência de informações, com o intuito de auxiliar-me a vencer a perturbação que desenhava em minhas emoções, amorosamente, interveio solícito:

– Meu grande menino, não se sinta só em seus questionamentos. No passado, quando aportei neste hospital, as inquietudes e inseguranças foram as mesmas. O tempo se tornou o grande aliado de meu equilíbrio. Antes que sua pergunta seja formulada, referente aos seus pais, adianto em lhe dizer que, da mesma forma que Deus o ampara neste ninho de amor, Ele se faz âncora para seus pais e seus irmãos. Conscientize-se de que ninguém fugirá da vida. Vagarosamente o homem despertará para a chamada educação para a morte, falo por mim mesmo.

"Tivesse compenetrado intensamente no tema da vida e da morte, talvez o meu despertar pudesse ser sem tantas surpresas e tantos transtornos. Na verdade, André, somos crianças conhecendo de experiência em experiência os objetivos reais da vida.

"Espero estar clareando um pouco seu raciocínio, pois você encontra-se à maneira do pássaro que alçou voo até outra região e se mantém amotinado em si mesmo, procurando reconhecer onde está.

"É natural. À medida que o tempo passar, a sua mente saberá organizar-se para pensar no sentido do "daqui" para "lá".

"Você terá oportunidade de conhecer valorosos amigos por aqui, que sem dúvida poderão socorrer-lhe em sua sede de saber.

"Procure raciocinar, meu menino, você não se desvinculou de seus pais e irmãos, porque a morte não opera esse desatino, apenas ocorreu uma transferência de plano vibratório, mas a vida em essência é a mesma aqui, em seu psiquismo, o que se modificam são os recursos, que aqui são mais maleáveis pela estrutura menos densa de nosso corpo espiritual. Não fique pasmo, pois não lhe faltará o ensejo de compreender tudo ao seu tempo."

As explicações tranquilizavam minha mente, que começava apontar sinais de mais harmonia, enquanto ao mesmo tempo, mantinha admiração pelos conhecimentos de meu avô.

Fui informado que, tão logo estivesse em melhores condições receberia alta do hospital, mas seria acompanhado por determinado período.

O destino, para o meu júbilo, era acompanhar o vovô Antônio; sim, estaria sendo o seu tutelado; com esta notícia sentia-me em família.

Carolina diariamente nos visitava na enfermaria, com sua graciosidade e meiguice.

Passei a entabular diálogo com outros internados, e os dramas eram os mais diversos, tanto quanto as reações o eram em face do saber estar vivo em outra esfera. Para uns, a morte era o fim, para outros, uma incógnita. Deparei também com internados expressando suas visões religiosas, que adotaram no mundo físico.

Eu pensava como os homens vivem distraídos de sua própria essência, qual acontecera comigo.

Encontram-se encarcerados em suas preocupações imediatas e nem sequer exercitam a mente no escopo de raciocinar no depois.

Não significa pensar no ato da morte, mas nas consequências advindas dela.

Carolina foi muito feliz abordando que o homem caminha em direção à verdade, porquanto Deus é um ímã irresistível e que Jesus é o Mestre inseparável e insuperável de nossas vidas.

De seus lábios Jesus passava a ter outro sentido em minha vida.

Não era o revolucionário puramente humano, como muitos historiadores o definem, ou um artigo de fé religiosa, Jesus era de fato o caminho para o encontro seguro com Deus.

As abordagens de Carolina, com bases nos ensinos do Cristo, descrucificavam-O. Ofereciam-nos Jesus não como um apêndice filosófico, mas como a solução real para os nossos destinos eternos.

A enfermeira amiga nos confortava, era-nos um regozijo quando Carolina adentrava a enfermaria.

Gradativamente passei a me locomover, deixando o leito; as tonturas foram espaçando; vez ou outra, dirigia-me até a porta de acesso, passeando pelo corredor do pavilhão no qual estava internado. Não queremos humanizar o mundo espiritual mais perto do plano terrestre, entretanto, quantos aspectos idênticos à vida física.

Por outro lado, percebia brilho nos objetos, as cores com mais vida, os habitantes da esfera espiritual mais suaves, com aspectos muito mais tranquilos em suas fisionomias, sem o peso da matéria densa, exceto os que permaneciam em aflição e desequilíbrios.

Era o aprendiz do dia a dia!

A saudade era imensa, mas quando a angústia emitia o seu ar da graça, não sei como, nesses instantes, o Dr. Álvaro se fazia presente, consolando-me.

– André, não se entregue ao desânimo, o importante é que Deus deixou no reencontro a face do amor, entrelaçando-nos. Seus familiares continuam a amá-lo tenha paciência, em breve você estará dispensado do tratamento e seguirá na continuidade da vida em família aqui e com os que estão no mundo físico.

As palavras endereçadas eram bálsamos na ferida da saudade.

Com Carolina era beneficiado com lições preciosas. Como uma mãe dedicada, ela direcionou-me à reflexão em torno da prece.

A prece se configurou plenamente como aproximação de meu ser com a fonte Divina. Ah! Se os homens dilatassem seus conceitos, a prece não seria um dever religioso, e Deus não seria um ser de difícil acesso.

Jesus trouxe-nos o Criador tão perto de nós, na singeleza do palco da natureza, e ficamos hipnotizados pela insensibilidade.

O cientista O encontrará na equação matemática, o religioso O encontrará no perfume das flores.

As visitas do vovô Antônio eram frequentes. Passei duas semanas em recuperação, quando Dr. Álvaro e Carolina felicitaram-me com a notícia tão esperada: estava de alta.

– André, à tarde Antônio, seu avô, virá buscá-lo. Prepare as malas! - observou sorridente o médico prestimoso.

Olhei para Carolina, expressando minha gratidão, ela como a reconhecer os meus pensamentos saudosos, comentou:

– Não, André, agradeçamos a Jesus pelas bênçãos que nos faculta a cada minuto de nossa vida. Ele não nos disse: Há muitas moradas na casa do meu Pai? Estamos em uma de suas moradas, como sendo o seu abraço Celeste, acolhendo-nos, tendo por nós infinita Misericórdia ante nossas imperfeições.

3

NOVO AMANHECER

Há, de fato, como já foi dito, mundos que servem de estações ou pontos de repouso aos Espíritos errantes?

"Sim, há mundos particularmente destinados aos seres errantes, mundos que lhes podem servir de habitação temporária, espécies de bivaques, de campos onde descansem de uma demasiado longa erraticidade, estado este sempre um tanto penoso. São entre os outros mundos, posições intermédias, graduadas de acordo com a natureza dos Espíritos que a elas podem ter acesso e onde eles gozam de maior ou menor bem-estar."

(*O Livro dos Espíritos* – Questão 234)

De que modo se instruem os Espíritos errantes? Certo não o fazem do mesmo modo que nós outros?

"Estudam e procuram meios de elevar-se. Veem, observam o que ocorre nos lugares aonde vão; ouvem os discursos dos homens doutos e os conselhos dos Espíritos mais elevados e tudo isso lhes incute ideias que antes não tinham."

(*O Livro dos Espíritos* – Questão 227)

Distribuí abraços a toda a equipe responsável ao tratamento, que efetuei nas semanas em que estive internado no hospital, antes de demandar à casa de meu avô.

Não pude controlar a emoção diante de criaturas formidáveis, embuídas de tanta ternura, atenção e paciência.

Os últimos a me despedir foram Dr. Álvaro e Carolina.

A eles devo todo o equilíbrio que pude alcançar, porquanto a adaptação nas esferas espirituais é um processo de profunda conscientização íntima.

Observei que em cada um perdura menos ou mais tempo na aceitação do desligamento do mundo físico.

Compreendi essa imensa verdade ao partilhar de diálogos com outros pacientes.

Contudo, a equipe de médicos, enfermeiros, psicólogos, psiquiatras e administrativos, como a de religiosos, era adredemente preparada para se posicionar nos casos extremos de inaceitação.

Vovô me esperava, esboçando em seu olhar a alegria de receber-me em seu lar, construído na vida espiritual.

Seguimos pelo corredor, antes, porém, que virássemos à esquerda no sentido da rampa de saída, pausei os passos, olhando para a retaguarda; Dr. Álvaro e Carolina acompanhavam nosso deslocamento.

Percebendo a minha parada, acenaram em conjunto, sorridentes, desejando no olhar felicidade e êxito em minhas novas descobertas, que adviriam. Descemos a rampa, recebendo olhares bondosos dos circulantes, uns evidentemente do corpo assistencial do hospital, outros deveriam ser parentes e amigos que vinham em visita aos internados.

Anotava as placas que identificavam cada andar percorrido, até que deparei com amplo salão da recepção do hospital.

À minha frente estava a porta de entrada do hospital com vários quadros de vidros transparentes.

Nova rampa se apresentou, dando acesso à rua enfeitada por imensas árvores floridas e bancos bem distribuídos.

A movimentação era intensa, de um lado para o outro. O Sol resplandecia soberano, e o céu azul cobria-nos com seu manto protetor e calmante.

Senti-me mais leve, os passos suaves, mas um tanto curioso com as paisagens a se desdobrarem diante de minha vista atenta.

Edifícios de vários portes e casas ladeadas por jardins, salpicados de flores com realces nunca vistos no mundo físico, erigiam magníficos.

Passamos por várias quadras, sendo comuns cumprimentos cordiais. Estava tão absorto na cidade espiritual, real aos meus sentidos que olvidara a presença de meu avô ao meu lado.

Foi justamente com o escopo de acordar-me de meu enlevo que vovô balbuciou algumas palavras:

– Meu filho, não estranhe o que você está presenciando. Aos poucos, você aprenderá a entender os mecanismos da vida por aqui. Terá a oportunidade de estudar e aprender, mas principalmente de servir.

"Não estamos no céu de beatitudes.

"Hoje terei a alegria de apresentá-lo a uma companheira de serviços, Cenira que se dispôs a orientá-lo com mais propriedade em suas possíveis e naturais inquirições. Ela nos visitará esta noite."

Agradeci feliz, mas, movido pelo encantamento que identificava, perguntei:

– Vovô, em que cidade estamos além das fronteiras vibratórias humanas?

– A cidade denomina-se Novo Amanhecer, está sobre as esferas da cidade de São Paulo e constitui uma das várias, vamos assim nos situar por agora, colônias espirituais que avizinham o homem.

– Novo Amanhecer! Que beleza, vovô, denominação a calhar com as nossas condições de prosseguimento.

Caminhamos bastante, e à medida que avançávamos nos afastávamos dos prédios imensos, adentrando, a meu ver nos bairros da cidade.

Em muitos pontos, havia praças a constituir ponto de encontro dos habitantes.

Idosos, jovens, crianças e animaizinhos domésticos representavam os personagens a se manterem em grupos afins.

O mais evidente era a abundância de pássaros a chilrear divinamente, esparzindo paz espiritual. Eram extremamente graciosos e céleres, adejavam os espaços e repentinamente assentavam bebendo em fontes.

Bailavam de uma árvore a outra encantando nossos olhos.

Fato digno de nota, as casas eram separadas apenas por gramados paralelos, em uma dimensão de presumíveis 10 metros de uma casa para outra.

Diante de minha surpresa, recebi a elucidação do vovô, de que desde o início da habitação na colônia, a Administração Central concluiu ser indispensável vencer as divisórias, ampliando o conceito da família universal, derribando os muros da separatividade, sem que com isso infligisse em avançar o celeiro alheio, daqueles desejosos de reclusão com seus afins.

Exceto as instituições especiais, que mantinham o sistema de divisórias a circundar-lhes, como educandários universitários, hospitais, postos de atendimentos de variada natureza como o Departamento de Planejamento Reencarnatório.

Vovô abriu a porta, e identifiquei singela casa em arquitetura semelhante as que existem no mundo físico, sem maiores modificações.

Sala ampla assomou a minha visão, mobiliada com graça e alegria.

Belo tapete estendido pelo chão emoldurando os sofás que nos convidavam ao descanso.

Amplo armário acomodava alguns livros, e objetos artesanais o enfeitavam graciosamente.

Do outro lado da sala, uma ampla mesa era enfeitada por toalha a cobri-la parcialmente.

Um jarro recamado de flores, no centro da mesa, ladeado por seis cadeiras, falava-nos de espiritualidade.

Voltando a vista para o sentido da entrada da casa, notei com surpresa um painel a me dizer se tratar de uma televisão, conforme concebemos no mundo físico, mas com um design mais sutil.

Acordando de minhas observações, ouvi paternalmente:

– André, este é o seu novo lar a partir de agora. Seja bem-vindo, sinta-se a vontade meu filho... Não se acanhe.

A surpresa maior ocorreria em seguida. Avancei em um corredor, e vovô abriu uma porta e para meu encanto era um quarto.

Uma cama, janela a receber a claridade externa, uma poltrona confortável, uma mesa, um armário...

– Aqui é seu pouso de descanso. Irei preparar algo para a

nossa alimentação; enquanto isso descanse. Não descuidemos das orientações emitidas pelo Dr. Álvaro.

Sentei-me, acomodando-me, relaxei o corpo espiritual, mas tão real às minhas impressões.

Fechei os olhos, busquei sentir a respiração, concatenar as ideias, pois recebi valorosas informações no hospital a respeito da meditação, endereçadas continuamente por Carolina.

Como ocorria diariamente, a saudade apontava intensa no âmago do coração. A imagem de mamãe e papai, dos meus irmãos, Caio e Fernanda, corriam em minha mente.

Como estariam, meu Deus? Sentia a segurança do novo estado, mas um pensamento me afligia. Como poderia rever os meus familiares? Seria isso possível ou estávamos demarcados por uma linha divisória, impossível de qualquer transposição, onde deveria esperar que os familiares se desvencilhassem do corpo biológico, para então se transferirem para a Colônia Espiritual Novo Amanhecer e assim vê-los?

Questões como essa me inquietavam. Em clima familiar, junto com vovô, alimentei-me de substancioso suco, acompanhado de algumas frutas, na espera ansiosa de conhecer Cenira, consoante esclareceu vovô; "será todo ouvidos para as suas dúvidas."

4

SOCIEDADE ESPIRITUAL

Da existência de diferentes ordens de espíritos, resulta para estes alguma hierarquia de poderes? Há entre eles subordinação e autoridade?

"Muito grande. Os Espíritos têm uns sobre os outros a autoridade correspondente ao grau de superioridade que hajam alcançado, autoridade que eles exercem por um ascendente moral irresistível."

(*O Livro dos Espíritos* – Questão 274)

Podem os Espíritos inferiores subtrair-se à autoridade dos que lhe são superiores?

"Eu disse: irresistível."

(*O Livro dos Espíritos* – Questão 274. a)

O poder e a consideração de que um homem gozou na Terra lhe dão supremacia no mundo dos espíritos?

"Não; pois que os pequenos serão elevados e os grandes rebaixados. Lê os salmos."

(*O Livro dos Espíritos* – Questão 275)

Compulsava prazeroso a obra concernente ao histórico da criação da Colônia Espiritual Novo Amanhecer, organizada pela equipe vinculada ao Departamento de Cultura.

As dissertações elucidativas eram acompanhadas por ilustrações bem elaboradas, dando colorido especial às narrativas.

Enchiam-me de informações importantes, compreendendo que tudo no Universo está sob as diretrizes de Leis Superiores, comandadas por mentes evoluídas.

Realmente, a assertiva a natureza não opera saltos é de uma realidade profunda.

Os planos vizinhos ao planeta Terra encontram-se sob o império de acessórios evolutivos que lembram as operações evolutivas do homem, evidente, com sutilezas inabordáveis ao vocabulário humano, pobre de designações que possam refletir a verdade do que vemos e presenciamos no mundo espiritual.

Disse-me meu avô que o homem comum não está revestido de estruturas psicológicas para um salto em ambientes espirituais mais elevados. Carece de alguns apêndices no plano espiritual, visando à sua harmonia imediata.

O meu avô, por questões incompreensíveis ao meu entendimento, estava alocado nos serviços da Biblioteca, no Departamento de Cultura.

Por isso, a facilidade em obter preciosos compêndios, que compunham o seu arsenal de livros edificantes.

Enquanto lia página a página, vovô mantinha-se observador, acompanhando-me com amistosos sorrisos, como a felicitar-se por minha presença ao seu lado.

A campanhia tilintou, nossa esperada visita chegara!

Recepcionada efusivamente por vovô aos meus olhos curiosos, surgiu uma senhora distinta e simpática.

Simples nas expressões, mas elegante na postura moral.

Seu magnetismo era patente, influenciando-me agradavelmente. Um suave lenço prateado envolvia-lhe os cabelos negros.

Sua idade, presumidamente, era a de uma senhora sexagenária. Tez morena, olhos negros e profundos, como se fosse um poema de verdade a ser entoado, vibrando intensamente.

Desloquei-me da cadeira, que ladeava a mesa, ao encontro de Cenira, abraçando-a com desvelo.

Cenira, com a destra, delicadamente tocou em minha face, dizendo-me:

– Então você é o nosso André!

– Acomode-se, Cenira, acomode-se! Estávamos ansiosos pela sua chegada. André mais parece uma criança vislumbrada com tantas maravilhas de nosso plano de ação, o qual, o Senhor nos concedeu como palco de nosso crescimento espiritual.

Nós três nos colocamos em volta da mesa sob a luz confortante de uma lâmpada graciosa.

– Pois bem, André! Seu avô solicitou-nos a humilde cooperação no sentido de lhe prover com informações a respeito da cidade espiritual que estamos ligados pelos laços da sintonia.

"Consenti estar aqui pela amizade que desenvolvemos em nossas tarefas no Departamento de Cultura, no qual somos humildes servidores.

"Recentemente conosco na Colônia, recordamos a nós mesmos nos primeiros dias de vida espiritual.

"Suas surpresas e dúvidas são as de muitos, meu jovem.

"Paulatinamente, a mente humana vem sendo laborada

a pensar com mais justeza acerca da vida após o decesso do corpo biológico.

"Deus é a perfeição absoluta, e nos espera a conquista da maturidade espiritual. Ele trouxe-nos Jesus, o Mestre de nossas vidas, que lecionou os códigos morais da verdade, que relutamos por nosso primarismo moral, sedimentar em nossas ações, presos que estamos em nosso milenar egoísmo e orgulho.

"Contudo, somos sementes no jardim da vida, onde o Jardineiro de Nazaré nos cultiva na esteira do tempo.

"O que de fato nos ocorreu não foi a chamada morte na concepção humana, mas o deslocamento de nossa mente para outra dimensão vibratória, envolta pelo corpo espiritual, ainda distante da luz excelsa dos Nobres Espíritos, que se encontram nas esferas inacessíveis ao nosso pensamento.

"As linhas vibratórias não são empecilhos para que ocorra uma comunicação entre um plano ou outro.

"As estrelas e os astros bailam sublimes no zimbório, cantando a glória do Criador em verdadeiro intercâmbio.

"E para que o amor não fosse enclausurado, Jesus, Ele próprio, atestou o intercâmbio entre os dois planos, ao surgir para Maria de Magdala, deixando o sepulcro vazio da concepção materialista, para preencher com a verdade da vida imortal a história do homem.

"Acalme, meu jovem, seu coração saudoso, muito natural, diante dos familiares que ficaram na retaguarda.

"Com a bênção de Deus, um dia poderá revê-los, mas por agora se equipe com as novas lições da vida, construa valores interiores para se apresentar forte no coração diante de seus familiares.

"Logo seja possível, lhe apresentarei o meu filho, Francis

que poderá muni-lo de mais detalhes a respeito de como ocorre o deslocamento de uma esfera para outra, sem quaisquer milagres da vida, mas por ordem natural das Leis de Deus."

Estava estupefato diante da exposição de Cenira.

Não saberia explicar quais forças da alma me conduziam a um bem-estar íntimo, facultando-me um sentimento de integral segurança.

– Ao ver o livro sobre a mesa, André, que se reporta à estrutura social-espiritual da Colônia transitória, peço licença para expor sucintamente a organização que nos dirige sob o arrimo dos benfeitores, que nos conduzem amorosamente em nome do Mestre Amorável.

"Jesus é o nosso perfeito Amigo, o nosso perfeito Médico e, mormente o nosso mais perfeito Educador.

"A Sua nobreza moral transcende a nossa verdadeira compreensão, mas o planeta Terra está sob Suas rédeas na mais genuína expressão do amai-vos uns aos outros, como ele vivenciou nos ensinando.

"Ao dizer-nos: Há muitas moradas na casa do meu Pai, expressou as esferas-localidades que circundam o planeta terreno, como todos os astros que bailam por todo o cenário universal.

"Inúmeras cidades espirituais circundam os homens, são pousos transitórios, salas da evolução, atendendo a Lei de Sintonia que vige em todo Universo.

"Os cientistas encantam-se com a ordem operante no Universo. Mesmo o materialista, na óptica da ciência, sem perceber estuda Deus a fonte criadora de tudo e de todos.

"Cada cidade espiritual está dotada de estrutura peculiar segundo a evolução dos espíritos que a compõem.

"A Colônia Espiritual Novo Amanhecer está assim estruturada: Administração Central, na qual se encontra o secretário-geral que pelos seus valores nobres, sua moralidade e intelectualidade, em sincronia admirável, naturalmente se consagra a dirigir a Colônia."

Interrompi Cenira:

– Então o que leva uma criatura a um posto de direção aqui são os seus valores morais?

– Acima de tudo, os valores morais, – sintetizou na resposta Cenira.

Prosseguiu a amorável orientadora, que me enchia de encantamento e admiração:

– Compreendo a essência de seu pensamento ao efetuar comparação com a estrutura humana nos cargos diretivos. A humanidade chegará sem dúvida ao estado em que nos encontramos, porque o tempo é instrumento da perfeição, aperfeiçoando a vida.

"Subordinado moralmente à Administração Central temos o Departamento Assistencial, no qual em essência operam a área Hospitalar da Colônia, contando com diversas especialidades médicas; O Departamento de Ensino, onde se acionam os dispositivos da Educação Integral do ser com suas vastas universidades; O Departamento de Cultura onde registram-se as belezas da Arte, da Literatura, da Música, do Teatro e o patrimônio dos acontecimentos relevantes da Colônia; O Departamento de Comunicação e Relações Externas onde se operam todo o processo de intercâmbio entre os habitantes, os programas informativos de interesses nobilitantes e onde se efetuam o intercâmbio de aprendizado com outras Colônias Espirituais na mesma onda de Lei Vibratória, porquanto somente na Administração Central, há condições de auferir contato com as esferas mais sutis à nossa; O Departamento de Planejamento Reencarnatório, onde se efetuam estudos conscienciosos e pormenorizados do quadro evolutivo dos habitantes, em nome do Amor e da Justiça, programando o retorno inevitável às experiências educativas da alma."

Não cabia em mim de tantas bênçãos, que ouvia por exprimir o pensamento em uma direção lógica. Ninguém no plano da vida está sob o jogo das circunstâncias sem qualquer compromisso com a responsabilidade e o futuro.

Agora compreendia a gravidade e sublimidade da vida e de que eu não sou apenas um viajante finito, que passa por ela, mas, como todos, sou um ser especial projetado por Deus rumo ao porto da perfeição relativa, na glória da vida imortal!

Compreendia agora que a ignorância e o mal eram apenas um estado passageiro de nossa evolução.

Finalizando as suas ponderadas lições, Cenira desfechou a frase do Apóstolo Paulo, segundo assim nos informou:

– André, vivemos e nos movemos em Deus.

5

O EVANGELHO NO LAR

Em que consiste a adoração?

"Na elevação do pensamento a Deus. Deste, pela adoração, aproxima o homem sua alma."

(*O Livro dos Espíritos* – Questão 649)

Qual o caráter geral da Prece?

"A prece é um ato de adoração. Orar a Deus é pensar Nele; é aproximar-se dele; é pôr-se em comunicação com Ele. A três coisas podemos propor-nos por meio da prece: louvar, pedir, agradecer."

(*O Livro dos Espíritos* – Questão 659)

A prece torna melhor o homem?

"Sim, porquanto aquele que ora com fervor e confiança se faz mais forte contra as tentações do mal e Deus lhe envia bons Espíritos para assisti-lo. É este um socorro que jamais se lhe recusa, quando pedido com sinceridade."

(*O Livro dos Espíritos* – Questão 660)

Antes que se despedisse, Cenira formulou gentil convite de participarmos na noite seguinte do Evangelho no Lar, em sua residência, assim, teria o ensejo de conhecer o seu filho Francis.

Aquiescemos de bom grado ao convite amoroso e, em clima de muita fraternidade, abraçamo-nos na despedida daquela noite memorável, que me permitira reforçar ainda mais os conceitos atinentes à vida espiritual triunfante, além das fronteiras vibratórias dos homens.

Recolhi-me pensativo no quarto acolhedor, acomodando-me em confortável cama. A impressão das lições deixadas por Cenira era forte e parecia ouvi-la na acústica da alma.

Almejava conhecer tanto quanto possível as dependências dos Departamentos da Colônia.

Sentia a necessidade de atividade, mas a fadiga ainda mostrava seu ar de incômodo.

Seguia com disciplina as orientações do Dr. Álvaro, com a inspeção dedicada de meu avô.

Com antecedência, vovô informara o hábito dos moradores da colônia de efetuarem o cultivo do Evangelho no Lar, independente de questões religiosas.

Detalhes obteria, sem dúvida no lar de Cenira, porquanto um casal também recentemente vindos do plano físico participaria, objetivando compreender como se processam os momentos íntimos do estudo em torno do Evangelho de Jesus.

Demandamos até a residência, que distanciava três quadras da nossa.

A noite apresentava-se magnífica, destacando-se inúmeras estrelas cintilantes no céu e, em sua formosura magnética a Lua encantava-nos com sua romântica luminosidade.

As ruas estavam nimbadas de luzes em globos edificados com delicadeza.

No momento aprazado, estávamos no interior da residência de Cenira, sob os olhares atentos do casal, que nos cumprimentara com simpatia.

Eram os nossos novos amigos, Airton e Luiza.

Identifiquei um sublime piano na sala, dando-nos um clima de espiritualidade.

Não demorou e um homem de aspecto grave surgiu, sendo-nos apresentado por Cenira. Era seu filho Francis, que nos deixou extremamente à vontade.

Sentamos e dialogávamos felizes, Cenira acomodou-se diante do piano retirando notas harmoniosas, trazendo-nos Sonata ao Luar, de Beethoven, Meditação de Thais, de Messenet, intensificando as vibrações de paz culminando com Jesus Alegria dos Homens, de Bach.

Foi, sem dúvida, uma memorável apresentação.

A emoção invadia-nos as fibras mais recônditas do ser; Luiza deixava escapar lágrimas percorrendo-lhe a face, recebendo do esposo desvelo e atenção.

Vovô também não continha as lágrimas estendendo o braço em meus ombros.

As minhas lágrimas deslizavam em minha face; rememorava a vida diária com os meus pais, a saudade era intensa a maneira de uma melodia em minha alma.

Deslocamo-nos até a mesa ornamentada com um vaso referto de flores delicadíssimas, em variadas cores, destacando-se uma mulher junto a um poço.

Posteriormente, Cenira elucidou-me dizendo tratar-se da mulher samaritana que encontrou Jesus rente ao poço de Jacó.

À cabeceira da mesa estava Cenira, ao seu lado, Francis que esboçava a mim frequentemente sorriso de simpatia.

Eram 20 horas, quando Cenira iniciou o estudo do Evangelho, efetuando os esclarecimentos necessários:

– Amigos, é com júbilo que eu e Francis recepcionamos vocês neste lar que lhes pertence.

"O hábito do Evangelho no Lar é comum em todos os lares da Colônia. Peço ao Francis que possa dissertar a respeito dos objetivos do Evangelho no Lar."

Tomando a palavra com simplicidade, Francis abordou com clareza:

– Dedico as palavras ao nosso André e ao casal amigo Airton e Luiza sem qualquer conotação impositiva.

"O Evangelho no Lar teve em Jesus o iniciador, quando na casa de Simão Pedro, em Cafarnaum, nas noites bafejadas pela brisa advinda do Lago de Genesaré, o Senhor se refazia das atividades intensas de disseminação da Boa-nova.

"O Mestre jamais desprezou sequer um minuto e acompanhado dos discípulos refletia sobre as lições do Amor.

"Os primitivos cristãos também se reuniam para estudar, meditar nos preceitos materializados pelo Divino Educador.

"Não foi o Mestre que afirmou: Não só de pão vive o homem?

"Somos Espíritos imortais em viagem com destino ao porto da perfeição.

"O alimento do Evangelho é fortificante para a alma; não representa o Evangelho no Lar qualquer modalidade de desencargo de consciência ou qualquer atividade mística.

"Evangelho no Lar é Vida, é Luz no caminho, é Verdade na consciência.

"É Jesus nos falando, convidando-nos ao nosso burilamento interior.

"Em família, temos o grande benefício de reciclarmos os nossos pensamentos, avaliarmos os nossos equívocos, revigorar a nossa vontade no bem.

"Estamos em transição nesta Colônia de Amor, canto abençoado de Deus.

"Não demorará e as lutas de reparação e de aprendizado nos convidarão irresistivelmente ao retorno à universidade do corpo físico, reprogramando nossa existência. Portanto, amigos, Evangelho no Lar é Jesus em nós, é orientação precisa para os passos que devemos encetar. No Evangelho no Lar, a prece se faz componente importante, não como um ato de culto exterior, mas ligação consciente com o Supremo. A prece é a janela da alma que descerramos, a fim de que a Luz do Pai nos envolva e nos desperte para as realizações nobres.

"Estamos sob o arrimo de Benfeitores de outras Esferas Espirituais, haurindo deles bênção de paz e inspiração para o entendimento dos intrincados problemas e conflitos psicológicos que vivem na constelação de nosso ser.

"Por isso que a Colônia através dos vários lares que a compõem, através do Evangelho no Lar, é dotada de significativo magnetismo protetor, possibilitando saúde e bem estar."

De fato percebia vibrações que até então não havia sentido.

Sentia como se não estivesse na cadeira, tamanha a leveza que me apossara.

Não era fruto de autossugestão, era realidade palpável em meu ser.

Continuando suas lúcidas observações, Francis conduzia com maestria as atividades da noite.

– Mamãe, ore por nós, iremos acompanhá–lá mentalmente.

– Senhor Jesus! – Iniciou Cenira em prece sentida – Reunidos em Teu nome, exoramos Tuas bênçãos de paz. Que nesta noite mais uma vez reflitamos sobre teus alvitres sábios. Tua Paz nos conceda, Senhor!

Francis, compulsando substancioso livro, que era o Evangelho de Jesus, abriu-o na sequência, certamente dos estudos sistematizados anteriores, na anotação de Mateus, capítulo 5, versículo 4: Bem-aventurados os que choram porque serão consolados.

Comovido, o amigo que já conquistara a minha total admiração e confiança explicou sucintamente:

– A dor é criação das criaturas. Somos artífices de nossa caminhada. A liberdade de ação é patrimônio herdado do Criador. As Leis Supremas são equânimes, perfeitas, elaboradas pelo pensamento do Criador desde o ato de Sua criação.

"Toda vez que agimos em desencontro à Lei Divina, destoamos no concerto universal, e consequentemente geramos a dor e a desilusão em nossa vereda.

"Nosso egoísmo e orgulho criam dissabores onde estejamos. Precisamos extinguir de nós esses monstros interiores. Meditemos a respeito dos que nos criaram dores e angústias. São criaturas falíveis como nós. Bem-aventurados os que choram com nobreza de atitudes em face das atribulações que sejam oriundas de outrem. Não nos revoltemos pelo que fizeram conosco e sigamos passo adiante, abençoando-os com nossas melhores vibrações de amor, abrindo espaços mentais para a reconciliação.

"Não cultivemos mágoas e ressentimentos e, assim, seremos dignos de constarmos na lista desta bem-aventurança. Manter mágoas é estabelecer prisão moral em nossos caminhos e estimular doenças em nós.

"Ser bem-aventurado diante das experiências dolorosas é não gerar dor para ninguém pela ação doentia do revide.

"Da mesma forma que a Lei de Justiça operará a nossa recondução aos caminhos do Bem, assim ocorrerá com todas as criaturas, porquanto, só há uma Lei Permanente no Universo estatuída pelo nosso Pai: a Lei de Amor."

Ouvíamos embevecidos as palavras sensatas e lógicas de Francis.

Solicitando breve silêncio, Cenira nos convidou a uma viagem interior, remetendo-nos a nos colocarmos sinceramente diante do tema da noite.

Francis encerrou o Evangelho da noite em vibrante prece e fomos agraciados com o copo de água a conter os recursos infinitos do Amor de Deus em nosso favor.

6

DIMENSÕES ESPIRITUAIS

"Será racional pensar-se que no homem terminam os anéis dessa cadeia e que ele transponha sem transição a distância que o separa do infinito?

A razão nos diz que entre o homem e Deus outros elos necessariamente haverá, como disse aos astrônomos que, entre os mundos conhecidos, outros haveria, desconhecidos."

(*O Livro dos Espíritos* – INTRODUÇÃO – Item XVII)

No dia seguinte, deparei com agradável surpresa.

Na sala, estavam Francis e vovô Antônio entabulando animado diálogo.

Sem qualquer cerimônia, Francis acorreu em cumprimentar-me:

– Bom dia, André! Comentava com Antônio que estou à sua disposição, neste dia, tendo em vista encontrar-me sem compromissos nas atividades do Departamento de Ensino.

– Que notícia maravilhosa, Francis, entretanto, espero não ser obstáculo aos seus afazeres – comentei preocupado.

– Fique tranquilo, André! Será um prazer estar com você, cooperando de alguma forma. Aliás, meu amigo, servir, ser útil deve ser uma ação natural em cada minuto de nossa existência.

"O convívio com corações benevolentes permitia a todo instante o aprendizado.

"Como seria benéfico nas relações humanas o propósito de servir desinteressadamente.

"Com certeza o mundo seria muito melhor, evitando tantos problemas."

– Então, André, vamos circular pela Colônia, estendendo os nossos olhares para as maravilhas arquitetônicas que ela dispõe?

– Sim, amigo, preciso realmente movimentar-me, fazer algo.

Saímos à rua pública em companhia do vovô Antônio.

Vovô em algum ponto se separaria de nós, pois se encaminharia para a Biblioteca onde é servidor.

As ruas regurgitavam de pessoas com destino aos seus compromissos de trabalho.

Despedimo-nos de vovô com um abraço carinhoso. Ele adentrou um edifício circundado por outros edifícios, formando um conjunto vinculado ao Departamento de Cultura.

Francis elucidou que cada departamento com seus respectivos edifícios está localizado na Área de Serviços da Colônia.

As casas dos habitantes da Colônia localizam-se na Área Residencial.

Os bosques localizam-se na Área de Lazer da Colônia.

Justamente nos dirigimos a um bosque muito frequentado. À medida que avançávamos, entrecortando caminhos refertos de árvores, extasiava com o frescor do ambiente.

Extenso lago percorria o interior do bosque, margeado por verdejante campo, embelezado por flores de diferentes matizes, prestando colorido terapêutico à nossa visão, emitindo mensagem de vida e esperança.

Circundava o bosque mais adiante vasta planície, trazendo-nos o Poema de Deus aos nossos corações.

Não sei quanto tempo caminhamos, porque o palco da Colônia concitava-nos a graves reflexões sobre a existência, sobre o Universo.

Seguindo uma das trilhas que atendia a estrutura do bosque, comunicando-se com o lago, nos aconchegamos em um dos bancos, haurindo a brisa calmante que rociava nossa face.

O olhar de Francis traduzia a sua introspecção, como a divisar panoramas que a mim não eram possíveis detectar.

Saliento que, por questões insondáveis à minha compreensão, o silêncio na Colônia nos momentos possíveis parecia dizer muito mais que expressões verbais.

Não se trata de um mistério, mas uma condição sensorial mais apurada do corpo espiritual, que permite a captação de vibrações mais sutis do Universo.

Pousando a mão em meu ombro, o amigo interrompeu o silêncio:

– Os homens vivem extremamente aturdidos com as atribulações do dia a dia e olvidam de vislumbrar a natureza em seus detalhes, para sentir o Criador.

"Os pintores de obras consagradas como Monet, Picasso, Tarsila não substancializaram nas telas as suas emoções?

"E nós outros sem os vê-los, não nos extasiamos com a mensagem que nos deixaram?

"Assim, a natureza, em suas infinitas manifestações e à maneira das telas, mostra-nos a essência do Pintor Deus."

Era emocionante beber as colocações de verdade de Francis. Sentia-me a cada instante com maior liberdade de expor as minhas questões.

Nesse sentido, perguntei-lhe respeitosamente:

– Quando me encontrava no hospital, identifiquei comentários referentes a Postos de Atendimentos sob a jurisdição da Colônia. O que seriam?

– André, o Universo atende ao princípio da ordem, da disciplina sob a base central do Amor. Talvez não saiba, mas antes de chegar à Colônia, você passou por um Posto de Apoio.

"A Colônia conta com grande número de obreiros no Posto de Atendimento, que intermedeia o plano físico com a Colônia.

"Consideremos como pouso de Pronto Atendimento, preparando os recém-desencarnados a ingressarem definitivamente ao interior da Colônia. No seu caso, por méritos espirituais, sua passagem por lá não passou de algumas horas, em que serviços especializados ofereceram os primeiros socorros, após o seu desvinculamento da indumentária física.

"Não faltarão oportunidades de visitarmos o Posto de Atendimento, suas dependências e observar as suas atividades complexas.

"Onde pensamos que há o vácuo é apenas limitação de nossa visão. O Universo é estruturado em dimensões espirituais atendendo a posição evolutiva de cada grupo de espíritos afins.

"Para o teólogo consagra-se a vida na Terra e, após, no Paraíso ou Inferno como medidas definitivas. Dante Alighieri descreveu as perturbações que identificou além das fronteiras sensoriais humanas e o Apóstolo Paulo refere-se às belezas do

Paraíso em seu desdobramento, denominado como arrebatamento.

"O Plano Universal é constituído de várias dimensões espirituais onde se operam a evolução das criaturas, desde os mundos mais densos aos planos mais sutis, formando a Cadeia Cósmica de Deus.

"O Planeta Terra é formado pelos países, e cada um deles, está associado às suas Colônias Espirituais de aprendizados, atendendo a Lei de Sintonia por sua vez, cada Colônia tem seus Postos de Atendimentos, auxiliando os que vagueiam sem norte nos planos mais próximos do ambiente humano.

"O Edifício de Deus é o Universo, e cada dimensão espiritual representa os andares, representando a escola de Seus filhos.

"A Lei de cooperação é permanente no dinamismo da existência. Cabe aos mais esclarecidos e conscientes dos seus verdadeiros objetivos diante do Criador auxiliarem os que se encontram na retaguarda da ignorância, enclausurados na concha do egoísmo.

"O que ocorrerá com o aluno que transviou de seus deveres sagrados?

"Alçará voo à nova ordem de aprendizado?

"Decerto que não.

"Carecerá repetir as experiências, aproveitando no plano que estagia as lições de que este plano seja portador. Quantos desencarnam sem condições para um endereço cósmico salutar?

"Os que chafurdaram nos vícios de toda ordem, os sovinas, os que viveram prejudicando conscientemente os outros, os geradores da violência, enfim todos quantos abusaram gravemente dos empréstimos divinos ao se despedirem das experiências humanas, no processo do desencarne, sentirão o peso de seus desequilíbrios na vida espiritual, mantendo-se encarcerados transitoriamente nas dimensões menos felizes.

"Muitos dos que desligaram do corpo biológico mantêm-se jungidos ao círculo das atividades humanas, conforme a Lei de Sintonia, e muitos outros para mais além do solo humano se mantêm fixados nas regiões inferiores. São nestas regiões, onde predominam temporariamente a dor e a aflição, a sandice e o desequilíbrio emocional, que se localizam os Postos de Atendimentos em nome do Amor, como sendo a mão de Deus em auxílio aos desventurados.

"Saiba que os Anjos na condição de terem atingindo o ápice da evolução, não estão eternamente em beatitude escutando das harpas as melodias transcendentais. São cooperadores de Deus, como elos do Divino, arrimando os que se encontram nas faixas mais baixas da evolução."

Estava presenciando uma verdadeira aula, entendendo perfeitamente a dissertação que era apresentada com clareza e objetividade.

Concluiu Francis o ensinamento precioso:

– Caravanas extensas são encaminhadas à regiões infelizes, buscando recolher os mendigos da luz, que se encontram em condições de auxílio. Quando do seu desencarne, André, corações amigos transladaram você até o Posto de Atendimento da Colônia. Seu estado era de profunda inconsciência.

"Em poucas horas, com o apoio e a intercessão de seu avô Antônio e dos técnicos específicos, você foi encaminhado para a Colônia. Não pense em privilégios.

"São conquistas que seu espírito milenar amealhou, porquanto, meu amigo, a sua última existência constitui apenas pequeno fragmento a par de suas outras existências na escola humana.

"Não há privilégios na Lei Divina, mas méritos conquistados pelo esforço próprio, como não há penas eternas aos transviados, pois o Pai não quer a morte do pecador e sim sua redenção.

"Lembre-se de que a Colônia que estamos vinculados pelos laços de afinidade é um pequeno círculo da evolução, diante das inumeráveis Colônias na mesma dimensão ligada ao Planeta Terra.

"Por outro lado, verticalizando nosso pensamento, infinitas esferas ascendem às Colônias que volitam vizinhas aos homens, formando no contexto universal as várias dimensões espirituais. E estamos abordando apenas a minúscula Terra pertencente à nossa galáxia, dentre as infinitas galáxias que povoam o Universo."

7

PROSSEGUINDO NOS ESCLARECIMENTOS

Ocupam os Espíritos uma região determinada e circunscrita no espaço?

"Estão por toda parte. Povoam infinitamente os espaços infinitos. Tendes muitos deles de contínuo ao vosso lado, observando-vos sobre vós atuando, sem perceberdes, pois que os Espíritos são uma das potências da natureza e os instrumentos de que Deus se serve para execução de seus desígnios providenciais. Nem todos, porém, vão a toda parte, por isso que há regiões interditas aos menos adiantados."

(*O Livro dos Espíritos* – Questão 87)

Os Espíritos puros habitam mundos especiais, ou se acham no espaço universal, sem estarem mais ligados a um mundo do que os outros?

"Habitam certos mundos, mas não lhes ficam presos, como homens à Terra; podem, melhor do que os outros estar em toda parte."

(*O Livro dos Espíritos* – Questão 188)

As informações de Francis suscitavam inumeráveis questões em meu raciocínio.

As perguntas íntimas multiplicavam-se.

A vida é uma Escola Infinita e as oportunidades por ela nos oferecidas não podem ser desprezadas.

Pouco a pouco compreendia o valor do tempo, e na Colônia não havia espaços para qualquer comentário sem utilidade.

Continuei solicitando do amigo orientações, visando situar-me com mais equilíbrio na jornada de minha evolução.

Talvez, sentindo a minha preocupação em estar lhe abordando constantemente, Francis interveio benévolo:

– Exponha as suas dúvidas o quanto for necessário.

"Estamos habituados a entabular com os recém-vindos da esfera física diálogos de esclarecimento.

"Não se esqueça de que, igualmente, também no passado, recebi apoio e atenção ante as minhas dúvidas.

"Pudesse os nossos companheiros da vida física selecionarem seus assuntos, tratando de questões edificantes.

"Os comentários fúteis apenas tomam tempo, não possibilitando nenhum acréscimo de entendimento espiritual, muitas vezes gerando complicações em nossos caminhos."

Com entusiasmo prossegui em nosso diálogo proveitoso.

– Então todos os que deixam a roupagem física, forçosamente passam pelos Postos de Atendimentos?

– Claro que não! Todos quantos já conquistaram valores morais são encaminhados diretamente para a Colônia a qual estejam vinculados. O nosso corpo espiritual é a nossa identificação na vida espiritual. É a expressão viva do que fomos na vida física.

"Os homens de bem, sem dúvida pela emissão salutar de seus pensamentos, imprimem no corpo espiritual a leveza correspondente à vibração da Colônia, permitindo "tecnicamente" situar-se em plano que lhes é merecido. Precisamos lembrar que a Colônia Novo Amanhecer no estágio que está inserida, prima pela ordem e a saúde moral.

"Todas as Colônias estão protegidas pelas suas linhas magnéticas, não permitindo o acesso de mentes eclipsadas na desarmonia, transitoriamente não oferecendo recursos para o auxílio.

"As regiões infelizes, por mais que o cenário seja de desequilíbrio, são postos abençoados pelo Criador, porque Deus é amor infinito.

"Nestes planos, onde medra a desordem da consciência empedernida nos erros perpetrados, encontramos a sala de depuração e reeducação na Universidade da Vida.

"Por mais que os que se equivocaram na senda se demorem em suas lamentações, um dia fatigarão de sofrer, pois é da Lei do Criador que o bem prevaleça em todos pontos do Universo.

"Assim sendo, os que adentram os Postos de Atendimentos são criaturas com o perfil predisponente a serem auxiliados, entretanto, precisam dos primeiros socorros no alinhamento de seus pensamentos na rota do bem, assim como de tratamentos específicos de emergência no corpo espiritual, efetuados por trabalhadores devidamente preparados e especializados.

"Dessa forma, chegam em condições favoráveis a adentrarem à Colônia, facilitando o atendimento em benefícios deles próprios."

– Francis, o processo é o mesmo em todas as Colônias?

– Sem dúvida que não. É preciso compreender as disposições evolutivas de cada Colônia, suas experiências próprias, contudo, o escopo primordial será sempre o direcionamento da criatura rumo ao bem.

– Referente aos Planos Superiores, eles nos visitam?

– Com muito mais frequência do que você possa imaginar!

– Mas por que não os vemos?

– Em razão de revestirem o corpo espiritual em dimensão vibracional diferente de nosso corpo espiritual, ou seja, em condições mais imponderáveis do que a nossa organização espiritual.

"Aos poucos, intensificaremos o seu conhecimento a respeito desta Lei Natural, que rege as várias dimensões espirituais.

"Estou cientificado de que ocorrerá em breve o seu retorno junto ao Dr. Álvaro."

– Realmente, ocorrerá daqui a alguns dias – confirmei relembrando o agendamento efetuado quando de minha alta hospitalar.

– Creio – prosseguiu o amigo sempre atencioso, que receberá alta definitiva, assim estará totalmente liberado a projetar o seu futuro.

– Não vejo a hora de chegar esse momento. Estou ciente de que preciso matricular-me em alguma atividade.

– Conte comigo! Estarei sempre à sua disposição.

Com a curiosidade aguçada, emiti último questionamento, antes que preparássemos o retorno ao centro da Colônia.

– É possível a permuta de experiências entre as Colônias?

Sorrindo, como a esperar o conteúdo da pergunta formulada por mim, Francis dissertou:

– Naturalmente, o Departamento de Comunicação, orientado pela Administração Central, trata o assunto com extremo desvelo. Não podemos nos manter restritos às nossas experiências.

"Jesus ensinou-nos a necessidade da Fraternidade. O amai-vos uns aos outros deve pautar as nossas relações, por ser a Lei máxima de Deus.

"Consoante às necessidades devidamente fundamentadas nas requisições advindas de todos os Departamentos da Colônia de intercâmbio com outras Colônias na mesma Dimensão, o Departamento de Comunicação inicia o contato de aproximação com a Colônia desejada, efetivando a incursão das visitas, tanto quanto o Departamento de Comunicação tem a incumbência de organizar a visita de outros irmãos de outras Colônias, quando por eles requisitados, observando neste mecanismo o sentimento de respeito de uns para com os outros.

"Aproveitando o tema que me expõe, logicamente, os acessos às Colônias Superiores são possíveis apenas pelos habitantes de nossa Colônia com credenciais morais para tanto, e posso lhe afirmar que são poucos os que conquistaram esta condição."

Enquanto retornava para casa, dominava-me o sentimento de êxtase ao contemplar detalhadamente as particularidades do bosque, onde fontes exuberantes brindavam-nos com a melodia do deslizar da água em alguns pontos do lago, formando cascatas do Amoroso Pai de nossas vidas.

8

SAUDADE COM ESPERANÇA

O Espírito se encontra imediatamente com os que conheceu na Terra e que morreram antes deles?

"Sim, conforme a afeição que lhes votava e a que eles lhe consagravam. Muitas vezes aqueles seus conhecidos o vêm receber à entrada do mundo dos Espíritos e o ajudam desligar-se das faixas da matéria. Encontra-se também com muitos dos que conheceu e perdeu de vista durante a sua vida terrena. Vê os que estão na erraticidade, ***como vê os encarnados e os vai visitar****."*[4]

(*O Livro dos Espíritos* – Questão 160)

No dia aprazado, pela primeira vez desloquei-me sozinho pelas ruas da Colônia com destino ao hospital, onde fora acolhido com extremado amor, após o desenlace do organismo físico.

A alegria invadia as minhas emoções, porquanto reveria Carolina, a quem guardo imensurável gratidão, benfeitora das primeiras horas, porto seguro que encontrei quando o barco de minhas inseguranças singrava o mar de intensas preocupações.

---

4 Texto em destaque sublinhado pelo Autor Espiritual (Abelha).

Palavras certas, nos momentos de maiores necessidades, soerguendo-me do abatimento moral em face de uma realidade inesperada. A reminiscência dos gestos carinhosos de Carolina emocionava o meu coração, cada dia mais sensível.

Observava com que abnegação a enfermeira acolhia a todos sob sua tutela. Aliava o seu conhecimento especializado em enfermagem ao seu devotamento, enxergando em cada paciente Espíritos eternos, flores de Deus carentes de auxílio.

Ao mesmo tempo em que enchia-me de felicitação pelo reencontro, acordei com intensa saudade de meus pais, de meus irmãos. Como definir a saudade!

Qual o poeta que lograria exteriorizar a essência da saudade? Ainda a saudade me machucava.

Quando as emoções aproximavam-se do estado de desânimo, refletia em tudo que os corações amigos me haviam dito até o momento.

Por várias vezes, vovô alertava para vigiar os pensamentos, a fim de que a saudade não se transformasse em causa de aflição. Decerto, vovô tinha por mim imensa paciência. Em muitos momentos, eu enveredava para as lamentações.

Enquanto avançava pelas ruas, parecia ver vovô a me dizer: "André, meu filho, quando nos dispomos à lamentação potencializamos os problemas que nos afligem."

De outra feita, Cenira expôs com muita propriedade: "Meu amigo, a lamentação tolhe a nossa visão espiritual."

Confesso que lutava para colocar em ação as lições de vida que me eram ministradas.

Na Colônia, cada colocação era envolvida pela verdade, nada de fantasias e qualquer disputa de posição filosófica.

Aproximei da recepção, no hospital, identificando-me.

Uma senhora bondosa orientou-me sobre o caminho que deveria efetuar para chegar até o consultório do Dr. Álvaro. Subi duas rampas, avistando o recinto mencionado na recepção.

Novamente, apresentei-me, recebendo orientação para aguardar a chamada para o atendimento. Outros companheiros aguardavam o chamado. Até o instante que o Dr. Álvaro, como fazia a todos, chamou-me a entrar na sala de atendimento.

Janela ampla permitia que o Sol trouxesse sua presença sem afetação e as mobílias tinham aspecto de bom gosto e simplicidade.

Demorado abraço do Dr. Álvaro representou uma recepção carinhosa.

Como sempre, Dr. Álvaro, sorrindo, jovial, olhar percuciente, tomou a palavra:

– Estou satisfeito, André, pelas notícias que me chegaram sobre sua recuperação. Fico feliz pelo seu esforço contínuo para manter o equilíbrio emocional.

De certa forma, fiquei surpreso pelo conhecimento antecipado quanto às minhas lutas e aos esforços para estar bem.

Como se ouvisse o meu pensamento, o médico amigo elucidou:

– Tenho contato próximo com Cenira e Francis, pois sou um frequentador assíduo da Biblioteca. Ler, estudar e refletir para mim é um prazer. Tenha a convicção de que estes dois tesouros em sua vida guardam por você imenso carinho e imensa preocupação. Conte, André, como se sente?

– Dr. Álvaro, creio que não sou merecedor de tamanho cuidado recebido do vovô Antônio, de Cenira e do amigo Francis. O que seria de mim sem o apoio de todos?

Empenho-me ao máximo para não manter a angústia no quadro de minhas emoções.

"Hoje mesmo, a saudade apresenta-se intensa. A imagem de meus pais e irmãos é viva em minha tela mental. Busco apoio na coragem para não desfalecer na fé.

"A ansiedade está se intensificando no sentido de vê-los. Como me faz falta poder sentir o abraço de mamãe, ouvir a voz de meus irmãos, escutar o meu pai.

"Desculpe, Dr. Álvaro, se estou fragilizado e teimando nos mesmos assuntos. Contudo, mesmo que desejasse ocultar a realidade de mim mesmo não conseguiria, não é mesmo?"

– Sem dúvida! Mas me estranharia se aqui estivesse exultando no perfeito equilíbrio. São raros os que superam com rapidez as angústias da saudade.

"O processo é lento, é um trabalho íntimo de aceitação e compreensão no entendimento do mecanismo da vida.

"Você ainda se dedica a estar bem, cultivando o ideal de conquistar o seu equilíbrio, mas me deparo com situações alarmantes, o que desejo dizer: encontro corações em lamentável negação, estampando evidente inaceitação.

"Quando a doença substancializa no corpo biológico, em se referindo aos homens encarnados, e no corpo espiritual referindo-se aos homens desencarnados, é possível elaborar prescrição de medicações ou procedimentos objetivando a cura, agindo nos efeitos.

"O corpo espiritual (este o modelador do corpo físico) e o corpo físico refletem em essência as condições íntimas do Espírito.

"Por isso é só na movimentação de nosso Espírito, na direção da compreensão, que trará o resultado da cura integral.

Toda doença é o resultado do Espírito doente que não soube proceder com justeza diante de seus órgãos de manifestação; espero estar me fazendo entender, para seguirmos em nosso diálogo."

– Sim, sim, estou compreendendo, Dr. Álvaro, informei prestamente.

– Em essência – continuou o médico dedicado –, não estamos longe dos que amamos. A saudade é a identificação em nós de que não perdemos o endereço dos que amamos. Comentamos alhures de que no momento oportuno você reverá seus familiares. É da Lei do Amor que não exista qualquer muro que separe uns dos outros.

"O que nos assome separação é apenas um tempo efêmero de aprendizado necessário, sem ser uma posição definitiva de afastamento.

"O que gostaria, André, em verdade é que eu deferisse uma autorização encaminhando-lhe ao Departamento de Comunicação e que imediatamente fosse acompanhado por trabalhadores habilitados até o Lar abençoado de seus familiares, acertei?"

Movimentei afirmativamente o rosto qual criança sedenta de que seus anseios fossem atendidos.

– Todavia, André, não podemos desprezar o bom senso. Você, por exemplo, estaria em equilíbrio para rever seus familiares sem que lhe ocorresse qualquer sentimento fixo de continuar ao lado deles, olvidando sua nova posição para a vida? Vivenciamos situações constrangedoras com visitas precipitadas no passado, pelo fato de o visitante recair em desequilíbrio desejando ficar ao lado dos familiares por tempo indefinido.

"Como seria sua reação ao rever sua mãe? Manteria a serenidade? Não se esqueça, meu caro André, de que precisamos cuidar dos que mais amamos. São criaturas frágeis e sensíveis e caso seu posicionamento fosse de atitude não aceitável para o momento, na impossibilidade de manter a harmonia interior, indiscutivelmente você causaria perturbações pelas vibrações que emitisse, portanto tudo ao seu tempo.

"Uma situação é afirmar aqui: "Não, serei forte.", outra questão é o amadurecimento moral, para que a visita seja edificante. A verbalização nos moldes do amor e da caridade deverá ser uma expressão real de seus propósitos íntimos.

"Sua condição moral de outras existências e da última experiência no mundo físico permitiu a caminhada ideal, ou seja, após a desencarnação, o deslocamento se efetivou primeiro para o Posto de Atendimento vinculado a esta Colônia nas zonas mais inferiores, em seguida, ingressou à Colônia; dessa forma não se manteve desnorteado no ambiente familiar, cruzando com as emoções das dores de seus familiares ante sua ausência. Muitos por não possuírem condições internas favoráveis mantêm-se locupletados aos familiares, desencadeando os processos mais torturantes de sofrimento, exigindo dos Maiores da Vida Espiritual ingentes esforços para remover a problemática sutil aos olhos humanos."

Os argumentos eram sedimentados não só na razão, mas expressados na sustentação do Amor.

– André, o tema é vasto, e cada situação atende as suas necessidades específicas. Equipe ao máximo as suas condições interiores, pois, no momento apropriado, o dia esperado do reencontro se efetivará. A sua condição atual permite-nos a partir de hoje emitir sua alta.

Recebi em mãos a conclusão do médico admirável e

dentre as várias anotações constantes no documento, estava a autorização para dirigir-me à Administração Central. Teria o ensejo de programar o meu futuro na Colônia. Culminando o atendimento, o Dr. Álvaro desejou êxito em meus novos desafios.

– Aprendamos – concluiu o amorável médico –, a transmutar saudade-dor em saudade-esperança. Quando atingimos a consciência da saudade-esperança, a palavra reencontro não é apenas uma definição. Reencontro passa a ser Vida, Verdade, Caminho. Afinal, preciso lhe dizer que seus pais e familiares estão bem, recebendo auxílio de amigos dedicados. Espere e certificará da verdade que lhe digo.

As palavras finais foram bálsamos ao meu coração, conduzindo-me a entender que em Deus a esperança não é vã filosofia, mas o arco-íris entrelaçando a Terra e o Céu.

9

NA ADMINISTRAÇÃO CENTRAL

Por trabalho só se devem entender as ocupações materiais?

"Não; o Espírito trabalha, assim como o corpo.
Toda ocupação útil é trabalho."

(*O Livro dos Espíritos* – Questão 675)

Tem atribuições especiais cada Espírito?

"Todos temos que habitar em toda parte e adquirir o conhecimento de todas as coisas, presidindo sucessivamente ao que se efetua em todos os pontos do Universo. Mas como diz o Eclesiastes, *há tempo para tudo. Assim, tal Espírito cumpre hoje neste mundo o seu destino, tal outro cumprirá ou já cumpriu o seu, em época diversa, na terra, na água, no ar, etc."*

(*O Livro dos Espíritos* – Questão 560)

No momento oportuno, solicitei os préstimos de Francis, para acompanhar-me até a Administração Central, munido da declaração emitida pelo Dr. Álvaro.

Quando lhe informei o que se passou na consulta com o nobre médico, Francis não conteve o júbilo.

Abraçou-me em estado de euforia como jamais tinha presenciado. Anuiu prontamente, diante de meu pedido, e sem delongas partimos rumo à Administração Central.

Desde esse instante, senti vibrar o meu coração em entusiasmo moderado e o nascer da curiosidade natural: como deveria se processar o atendimento nas dependências da Administração Central.

Chegamos a um edifício imenso. Apresentamo-nos na recepção, na qual fomos recebidos e atendidos com esmerada atenção. Jovem simpática deixou-nos plenamente à vontade, acompanhando-nos até um recinto onde centenas de trabalhadores se dedicavam a variadas tarefas.

Francis por várias vezes cumprimentou amigos, entabulando rápidos diálogos.

Nos extensos corredores movimentavam-se pessoas em pleno exercício do trabalho.

Na Colônia, as atividades eram imensas, o ritmo era dinâmico e, quem se condicionasse à inércia, com certeza não se sentiria bem consigo.

A consciência, à maneira de um alerta íntimo, romperia o estado de ociosidade, convidando à ação.

Não demorou estávamos à frente de um senhor, que me olhava com tanto enternecimento que fora impossível não ficar sensibilizado.

Era o Sr. Pedro, aparentando os seus sessenta anos. Extremamente interessado, analisou atentamente a declaração do Dr. Álvaro.

– André – assim iniciou o diálogo – seja bem vindo às novas possibilidades que lhe conduzirão ao posto que mais se adequa aos seus anseios de crescimento no trabalho edificante.

Daqui a alguns instantes, no Auditório Central desta Administração ocorrerão as orientações precisas.

Solicitamente, o Sr. Pedro confeccionou uma carteira de identificação que me permitiria acesso às novas atividades.

Francis observava atento, despedimo-nos fraternalmente à entrada do Auditório. O amigo partiria para o Departamento de Ensino, onde cumpriria com seus graves compromissos.

Adentrei o Auditório da Administração Central, repleto de pessoas em idênticas condições de serem úteis na Colônia.

Música suave conduzia nossos sentimentos em sintonia com a paz. Creio que em torno de quatrocentas pessoas estavam presentes no Auditório.

Amplas janelas laterais permitiam divisar outros Edifícios pertencentes à Administração Central.

O colorido do ambiente externo, na visão que tinha, embelezava o meu olhar, tanto quanto as folhagens que se estendiam harmonicamente a partir do teto do Auditório ornavam as paredes.

À minha frente uma tribuna, elevada; ao seu lado, mediana mesa enfeitada com delicadas flores recebia dois homens que iriam coordenar o evento.

Todos os presentes mantinham-se em postura respeitosa e as conversas estabeleciam-se em tom baixo.

Após alguns instantes, um dos homens destacou-se na tribuna, iniciando as atividades.

– Amigos, Deus nos proteja em Seu magnânimo Amor. Que o Divino Amigo Jesus nos inspire os corações nesta manhã de sublimes oportunidades de serviço.

"Sou Amaro, e estou à disposição de todos os presentes. O nosso secretário-geral da Colônia deseja-lhes êxito em suas vindouras tarefas.

"Não faltará a todos a oportunidade de manter com ele oportuno diálogo.

"A Colônia que nos recebe em nome do Amor é um celeiro de bênçãos a serviço do Pai, em Sua casa Universal.

"Estamos todos felizes no dia de hoje, pelo fato de nos ser permitido agir em favor do próximo nas mais diversas tarefas, cooperando para o bem coletivo de nossa Colônia.

"Sei exatamente o que se opera no âmago de seus corações, por ter vivenciado igualmente a experiência que lhes ocorre presentemente.

"O evento desta manhã é um processo natural na Colônia, quando do início de trabalho de seus moradores.

"A Administração Central preza pela Fraternidade, por conseguinte, devota-se a acolher os futuros servidores, possibilitando gerar em cada um o sentimento de que todos somos iguais no amor pelo Criador e de que não existem privilégios e nem atribuições melhores umas que a outras.

"Não se trata de forma alguma querer criar qualquer controle pessoal, tolhendo-lhes o livre-arbítrio.

"Perceberão que, no decorrer do tempo, vão se sentir totalmente livres para a escolha do serviço que mais lhes apraz, somado à vocação das experiências no mundo físico, contando com o apoio de competentes servidores, que possuem o perfeito entendimento da necessidade real de cada um.

"O aprendizado é constante e em nosso périplo evolutivo facearemos novos desafios, que nos propelem a avançar.

"Cada um participou de experiências próprias na área das atividades humanas, amealhando conquistas interiores intransferíveis.

A vida humana é uma Universidade bendita, e nenhum patrimônio moral e intelectual se perde.

"Creio que a maioria, efetuando uma reflexão sincera, se sentirá na condição de que muito tempo foi malbaratado e de que poderia ter se produzido muito mais.

"Contudo, que esse sentimento não os encarcere nas grades do desânimo.

"Se ontem nos equivocamos, temos o presente para planejar a correção. O Banco de Deus é rico em misericórdia.

"Se querem êxito e felicidade nesta Colônia, não se detenham na retaguarda, focando nos projetos de crescimento que são oportunizados.

"Busquem a perseverança e agradeçamos a Deus a estrada que nos descerra, onde palmilharemos irresistivelmente ao Seu encontro.

"A partir de amanhã, se dará o início do estágio e reconhecimento de todos os Departamentos da Colônia, possibilitando uma visão macro dos serviços que nesta Colônia são executados e naturalmente seus corações sintonizarão com o labor que lhes falará mais alto.

"Essas são singelas premissas que abordamos; formamos vários grupos visando um melhor aproveitamento de tempo e aprendizado, estabelecendo a criação de laços de amizades.

"Consoante diretivas expostas em suas carteiras de identificação, confrontadas com a relação que lhes será entregue na saída do evento, cada participante estará ciente em que localidade e horário deverá se apresentar amanhã.

"Cada grupo contará com orientadores em seus respectivos locais de atuação. O orientador estará à disposição para ouvir suas inquirições naturais.

"O trabalho, amigos, é a consequência dos que amam. É no trabalho que burilamos nosso íntimo e conhecemos as Leis Divinas.

"Na sábia condução e didática de Deus, o trabalho possibilita o relacionamento, estimulando em nós o desenvolvimento do amor e da sabedoria, ciências da alma."

Sob a admiração dos presentes, Amaro despediu-se em clima paternal:

– Contem com o meu coração a serviço de todos, na condição do servidor que vibra pelo sucesso de suas tarefas.

Retornei para casa ansioso em razão dos compromissos do dia seguinte, como também para levar as boas notícias ao vovô Antônio.

10

NO DEPARTAMENTO ASSISTENCIAL

Mas será necessário que Deus atente em cada um dos nossos atos, para nos recompensar ou punir?

Esses atos não são, na sua maioria, insignificantes para Ele?

"Deus tem suas leis a regerem todas as vossas ações.

Se as violais, vossa é a culpa. Indubitavelmente, quando um homem comete um excesso qualquer, Deus não profere contra ele um julgamento, dizendo-lhe, por exemplo: Foste guloso, vou punir-te. Ele traçou um limite; as enfermidades e muitas vezes a morte são a consequência dos excessos.

Eis aí a punição; é o resultado da infração da lei.

Assim em tudo."

(*O Livro dos Espíritos* – Questão 964)

À medida que discorria a respeito dos temas expostos por Amaro, diante de um auditório repleto, vovô Antônio não lograva controlar as lágrimas que deslizavam em sua face qual fonte límpida a expressar encanto e pureza.

Vovô mantinha-se curioso, apesar de ter passado pelo mesmo processo. Conhecia Amaro, tarefeiro de confiança do secretario-geral da Colônia.

Soube, na Administração Central, que o espírito de equipe prevalece na execução dos deveres pertinentes a cada Área.

Argumentava com sobeja sabedoria o secretário-geral, que Jesus é o maior exemplo na Administração dos Bens Divinos.

Contou com a dedicação de doze discípulos, na tarefa missionária de oferecer à humanidade as lições de vida eterna.

Cada departamento contava com cinco secretários e muitos auxiliares, conforme a natureza de suas tarefas.

A ideia do bem é a legenda única a sobrepor qualquer interesse pessoal.

Diante desta estrutura de Administração, não há naturalmente espaço para as manifestações do orgulho e do egoísmo.

Não há espaço para o personalismo.

Na manhã seguinte, sob a majestade do Sol, bem cedo, após a alimentação em conjunto com vovô, fui até o Departamento Assistencial.

Cenira especificara as atribuições do Departamento Assistencial, onde se consagrava às responsabilidades médicas da Colônia.

No meu caso, estive internado em uma das alas do hospital, composto por vários Edifícios, integrados uns com os outros por tubos de acesso.

Ao sairmos de um Edifício para o outro, acessamos o tubo, que é constituído de material transparente, possibilitando em seu percurso divisar os jardins que circundam toda a Área Hospitalar.

Após alguns minutos de caminhada, sorvendo as vibrações salutares da Colônia, acerquei-me do grupo ao qual estaria vinculado no processo temporário do estágio. Eram doze os integrantes.

Teríamos no máximo três horas de acompanhamento, coordenado pelo Orientador, pois outros grupos viriam na sequência.

Apresentamo-nos em clima de sincera fraternidade, em processo de incentivo mútuo.

Em seguida, em uma sala contígua à recepção hospitalar, destacou-se uma jovem, era Leonora, a quem estaríamos sob sua orientação.

Apressou-se a gentil companheira a cumprimentar um por um, demonstrando afabilidade.

Disse-nos, bondosa:

– Queridos amigos! Antes que visitemos as dependências do hospital, já devidamente autorizados, são indispensáveis alguns apontamentos oportunos.

"É fato que muitos do grupo estiveram recebendo assistência neste hospital, entretanto, a visão foi restrita à dependência na qual estiveram em tratamento.

"O tempo não nos permitirá conhecer toda a amplitude das tarefas exercidas no hospital, mas será o suficiente para adquirirmos uma visão do que ocorre neste Departamento edificado em nome do Amor.

"A curiosidade a respeito dos dramas dos que se encontram internados não poderá comandar as nossas atitudes. Uma palavra não bem exposta poderá suscitar problemas de consequências imprevisíveis.

"Caso sejam abordados em temas específicos por algum paciente, rogo compartilhar com a minha pessoa e saberei dar solução apropriada para cada situação. No geral, saibamos usar da palavra de bom ânimo e alegria.

"Exercitemos o olhar e as expressões fisionômicas em aspecto de suavidade, entendimento e respeito.

"Descreverei cada local que visitarmos, e, no final, teremos algum tempo para os esclarecimentos, pois retornaremos a esta sala. Alguém está com alguma dúvida?"

Entreolhamo-nos e ninguém verbalizou.

Seguimos Leonora, apresentando-nos à recepção central do hospital, onde são registradas as entradas dos pacientes.

Extenso quadro, apresentando Jesus impondo a mão a um doente, fixado em uma das paredes, retratava o Médico das Almas. Era um quadro de intensas proporções, com detalhes expressivos.

Presenciamos, por várias vezes, as recepcionistas se valerem de aparelhos de telefone, para se comunicar com o interior do hospital.

A tecnologia no Mundo Espiritual, nas Colônias Espirituais próximas ao mundo físico, é um fato.

Sem dúvida, na Colônia, o processo de intercâmbio, pensamento a pensamento, ocorre, entretanto, por criaturas que naturalmente logram se comunicar por este processo natural da vida. Muitos careciam da verbalização, e também os acessos de comunicação eram pelos mecanismos da tecnologia.

Sequentemente, subimos a rampa, divisando a Área de Psiquiatria e Psicologia, e perpassando por vários corredores percebíamos nos quartos servidores atendendo os pacientes, muitos em condições de total alienação mental.

Escutávamos lamúrias sucessivas, o estridor de gritos e gargalhadas sarcásticas, demonstrando desequilíbrio mental e emocional.

Nos andares seguintes, visitamos áreas de clínicas especializadas, onde as variadas expressões anômalas do corpo espiritual eram tratadas, oriundas dos desatinos do homem no mundo físico, desrespeitando as Leis estabelecidas por Deus.

É impossível nominar com precisão os aparelhos que compõem a estrutura do hospital.

Observamos os postos de enfermagem e o apoio da Área Farmacológica, evidente, com as medicações adequadas ao plano espiritual, tendo em vista a fisiologia do corpo espiritual, diferenciada em sua constituição vibratória em relação à constituição ponderável do corpo biológico. Um dos médicos com quem estabelecemos breve contato, observou que, sem dúvida a Medicina na vida física tem efetuado avanços extraordinários, inspirados pela Espiritualidade Maior, mas está aquém dos recursos encontrados nas esferas espirituais.

Leonora comentou que no Departamento de Ensino teríamos mais detalhes a respeito do repasse de conhecimentos adquiridos na Colônia para o ambiente das experiências humanas.

Observamos também, a Área de Consultórios.

Lembrei-me do encontro com Dr. Álvaro, que decerto estaria efetuando naquele momento os seus atendimentos valorosos.

Visitamos a Área de Nutrição, com as adequações naturais da esfera vibracional que vivíamos, pois sendo uma Colônia de transição, tão vizinha das experiências humanas, alguns nutrientes eram ministrados aos pacientes.

Alguns pacientes movimentavam-se, auxiliados, em cadeira de roda, outros caminhavam com naturalidade.

Médicos e enfermeiros surgiam de todos os lados no exercício missionário de cooperar com a estabilidade da saúde dos pacientes, mormente direcionando os pacientes a praticarem o pensamento no bem.

Leonora mencionava algum detalhe que passava desapercebido por nós, como a atividade de voluntários a visitar quarto a quarto, dispostos a estabelecer com os pacientes diálogos de bom ânimo, estimulando-os à perseverança.

Não houve abordagem conosco de pacientes, mas aos poucos, vencíamos a timidez e ofertávamos ao menos a parcela de um sorriso e de um aperto de mão.

Ao retornar para a sala onde estabeleci o primeiro contato com o grupo, deparei com uma surpresa: alguém muito especial colocara as mãos em meus olhos.

Alegremente, disparei:

– É você, Carolina?

De fato, Carolina virou-me e me acolheu em seu abraço. Disputávamos quem mais expressava a alegria do reencontro. Combinamos que em outra oportunidade nos veríamos para colocar o assunto em dia.

Acomodamo-nos ao redor de uma mesa, aguardando o pronunciamento de nossa orientadora.

A orientadora colocou-se à disposição para as perguntas.

Clarice foi a primeira a expor:

– Todos os que retornam da vida física passam pelo hospital?

– Não. – Iniciou o esclarecimento nossa distinta orientadora. – Mas o percentual é grande dos que carecem de atendimento médico e psicológico. O corpo espiritual é o reflexo, é o espelho do que vivenciamos na vida física. Enganam-se os que pensam que findada a vida no corpo biológico, resolvidas estão todas as problemáticas.

Transparecem na vida espiritual as consequências felizes ou infelizes que elegemos, plasmando na matriz, que é o corpo espiritual. O homem de bem comparecerá aqui com a veste nupcial a que aludiu Jesus; por outro lado, aquele que viveu do imediatismo nos jogos da ilusão assomará aqui em estado de calamidade não só moral, mas com o corpo espiritual em desalinho.

"Natural que essas criaturas em sofrimento, responsáveis diretas pela sua condição infeliz, necessitem de cuidados médicos, antes de se deslocarem para o "endereço de sua afinidade" que possuem na Colônia.

"Contudo, há os que não plasmaram no corpo espiritual desequilíbrios acentuados por isso mesmo são acolhidos diretamente pelo seu grupo afim nos lares que compõem a Colônia."

De minha parte, formulei a seguinte questão:

– Desculpe, Leonora, expor duas perguntas em uma; ainda não perdi alguns hábitos da vida física. Só de saber que fantasma não existe fico mais sossegado.

Alguns sorrisos se destacaram ante a minha observação despretensiosa, deixando o ambiente mais descontraído.

Poderia falar algo, em geral, da Área de Psiquiatria e Psicologia? Onde estão as alas das crianças?

– André, sem adentrar o tema complexo da mente, ao qual não sou habilitada a expor de modo técnico, como você bem considerou, em geral, são pacientes que retornaram da vida física sob o jugo de dramas complicados gerando o descompasso do raciocínio. Quantos não suportaram os embates da vida física?

"Quantos carregam o sentimento de culpa, porque a consciência é o nosso termômetro da vida moral.

"Quantos não aceitam a separação dos que ficaram na retaguarda?

"Rebelam-se contra si mesmos, em verdadeira tormenta do psiquismo, desequilibrando o fluxo do pensamento, requisitando tratamento demorado!

"Neste perfil, são pacientes que são atendidos por dedicados servidores na Área da Psicologia e Psiquiatria.

"Quanto à ala das crianças, amanhã efetuaremos o estágio, e creiam, é um setor especialíssimo do Departamento Assistencial. Para termos uma ideia, no período da manhã ouviremos significante palestra para entendermos o processo da criança no Mundo Espiritual, especificamente na Colônia que para nós, representa abençoada Universidade do Espírito."

11

AS CRIANÇAS NO MUNDO ESPIRITUAL

É tão desenvolvido, quanto o de um adulto, o Espírito que anima o corpo de uma criança?

"Pode até ser mais, se mais progrediu. Apenas a imperfeição dos órgãos infantis o impede de se manifestar. Obra de conformidade com o instrumento de que dispõe."

(*O Livro dos Espíritos* – Questão 379)

Na manhã seguinte, estávamos diante de um portão extenso e, ornamentado em suas extremidades por primaveras, mais à frente um estabelecimento que nos fazia lembrar as escolas da vida humana.

Jardins exuberantes traduziam a imensa sensibilidade dos idealizadores.

Ao longe, ouvíamos vozes infantis expressando alegria contagiante.

Na Secretaria, Área do Setor de Assistência às Crianças, Leonora nos auxiliou a anotar no registro de visitas nossos nomes.

Fomos conduzidos a uma sala onde ocorreria a explanação acerca de tema tão importante em nossas vidas.

Acomodamo-nos em confortáveis cadeiras, e o silêncio era geral. A emoção era indescritível.

As fragrâncias das flores na Colônia eram um selo de identificação natural, represando nossos pulmões de energias sutis a nos facultar bem-estar, colando-nos em plena e perfeita vitalidade.

Tudo vibra no Universo, e as flores com suas características vibratórias representam auxílio importante ao nosso equilíbrio.

Não só a beleza em volta nos encantava, mas a sua função de saúde e equilíbrio pelas vibrações emitidas.

A natureza não é só um presente de Deus aos nossos olhos, é também cura para nossa alma.

Contudo, não sentira tão intensamente as fragrâncias como no Setor de auxílio às crianças.

Senti uma vibração intensa quando uma jovem belíssima dirigiu-se à frente da sala, posicionando-se com um sorriso celestial.

Seus cabelos estendiam-se um pouco a mais da altura dos ombros, embelezados por flores em tons vermelhos e amarelos.

Gestos delicados e timbre de voz envolto em ternura contagiante não nos permitiam qualquer distração.

Leonora e a jovem querida entabulavam os últimos preparativos para a exposição da manhã sempre ensolarada da Colônia.

Nossa amiga Leonora deu início às atividades:

– Queridos! Apresento-lhes nossa querida trabalhadora e servidora, Marisa, que lhes falará hoje.

Marisa acenou–nos com leve movimento das mãos, olhando-nos a todos, dinamicamente.

– Com vocês então nossa Marisa – concluiu Leonora.

Levantando-se, a expositora expôs:

– É uma imensa alegria participar deste encontro e falar-lhes de nossas crianças no Mundo Espiritual, nesta Colônia especificamente. Tema complexo a nos exigir atenção. Com o objetivo de auxiliá-los na fixação do estudo utilizarei o painel que se encontra posicionado à nossa frente.

O primeiro *slide* estampava o título DEUS E A CRIAÇÃO.

– Deus é o Pai Supremo – dissertou a encantadora expositora - Arquiteto Perfeito. De Seu pensamento plasmou-se a Criação.

"Todas as coisas e todas as criaturas são expressões de Sua criação sob a diretiva de Sua vontade. Jesus nos apresentou-O como sendo o Pai Nosso.

"A perfeição matemática do Universo demonstra a perfeição absoluta da Causa: o Pensamento de Deus.

"Não há equívocos nas Leis que estruturam e mantêm a criação.

"Como os peixes no oceano, estamos imersos no oceano da Criação Divina."

Movimentando singelo controle, o segundo *slide* foi apresentado com o tema: O ESPÍRITO.

– O Espírito é a criatura de Deus dotada de inteligência e sentimentos conquistados no processo evolutivo, através de experiências sucessivas. Somos nós Filhos de Deus!

Novo *slide*, agora o terceiro, apresentou o tema CORPO ESPIRITUAL E REENCARNAÇÃO.

– No ambiente da vida humana, pela sua constituição é necessária a estrutura do corpo físico como sendo excelente educandário a desenvolver nossas potencialidades interiores, que dormem em nossa consciência, sede das Leis Divinas inscritas em cada criatura.

"O Corpo Espiritual é o corpo sutil do espírito, intermediário entre este e o corpo biológico.

"O apóstolo Paulo o denominou como Corpo Espiritual.

"Foi cunhado por Allan Kardec o notável educador francês e também codificador da Doutrina Espírita entre os homens, como sendo o Perispírito.

"A reencarnação é o mecanismo que nos enseja o retorno às experiências humanas objetivando nosso burilamento, tema este que vocês estudarão com detalhes quando visitarem o Departamento de Planejamento Reencarnatório.

"Portanto, somos criaturas com inumeráveis experiências na indumentária física.

"De existência em existência erigimos nosso patrimônio intelecto-moral.

"Assim sendo, o Espírito, com sua individualidade, é dotado de inteligência e moralidade conquistadas de etapa em etapa no mundo físico, tanto quanto no interregno de uma experiência para outra, ele conquista valores no Mundo Espiritual."

Percebendo nosso deslumbramento na lógica insofismável de suas dissertações, Marisa comentou:

– Fiquem tranquilos, no final compreenderemos a importância desses conceitos preliminares.

O quarto *slide* surgiu com o tema: INFÂNCIA NO MUNDO FÍSICO.

– A Sabedoria Divina, na pedagogia de ensinar seus filhos no crescimento dos valores da alma, estabeleceu na fase da infância no mundo físico um período necessário, permitindo a reeducação do ser.

"O Espírito que retorna é um Espírito com múltiplas experiências.

"Na fase infantil, o Espírito encontra-se na dependência psicológica dos pais, flexibilizando o processo de educação.

"Por conseguinte, verificamos a missão grave dos pais perante as Leis Divinas.

"O esquecimento do passado é abençoado recurso que a Lei de Deus concede por amor a todos nós. É uma amnésia temporária necessária.

"Somos, em geral, Espíritos deficitários galgando lentamente o monte da perfeição relativa.

"O que seria de nós, em núcleo diminuto do ambiente doméstico, se todos, entre si, se lembrassem com exatidão dos atos e comprometimentos de outrora?

"Imaginemos se as reminiscências fluíssem naturalmente em nosso ambiente social?

"Impossível imaginar, mas com certeza seria um caos moral à vista desse raciocínio, verificamos a sabedoria divina que nos permitiu o esquecimento temporário, para que no atrito das tendências pudéssemos suportar uns aos outros na convivência, muitas vezes difícil e conturbada no cerne do lar, na sociedade, onde reencontramos nossos afetos e desafetos."

Prosseguindo em sua exposição lógica, Marisa trouxe à baila o quinto *slide* com o tema: CRIANÇA E MORTE PREMATURA.

– O processo de desvinculamento da criança do corpo físico atende a vários fatores, mas que, didaticamente, poderemos sintetizar que se motiva pela provação do Espírito reencarnante e dos pais, com vínculos em existências anteriores ou não.

"Antecipando o quadro dos planejamentos reencarnatórios, é possível que um casal careça de vivenciar a ausência de um filho por vários fatores, e um Espírito careça de, em estado infantil, desvencilhar-se da indumentária física, também, por vários fatores, mas que não tenham experiências conjuntas anteriores, mas a necessidade desses Espíritos se associarem, e aqui no Mundo Espiritual, aceitam a cooperação mútua, objetivando cada qual assimilar a lição que a vida lhes pede para o saneamento da consciência.

"Entretanto, é verdadeiro que pais e filho(a), na questão da morte prematura, tenham laços de comprometimentos oriundos de vidas transatas.

"Ninguém alçará o voo aos altiplanos da vida com nódoas na consciência, por mínimas que sejam.

"No *slide* final o tema abordado foi: A CRIANÇA NO MUNDO ESPIRITUAL."

– Com a chegada do Espírito milenar ao Mundo Espiritual, mas que se desvinculou em idade infantil, não podemos desconsiderar as suas condições de moralidade.

"Espíritos de condição elevada, em razão do dinamismo de seu pensamento, conduzindo conscientemente e objetivamente a sua evolução, operam de forma natural a transmutação de seu aspecto perispiritual, porquanto, o perispírito tem como atributos a maleabilidade e sensibilidade pela volitação do pensamento.

"Com flexibilidade, o Espírito elevado acessa as áreas da memória do cérebro perispiritual, relembrando existências precedentes, plasmando no corpo espiritual a expressão que está sintonizando.

"Chegam aqui nesta Instituição e em breve tempo tomam a forma que lhes aprouver. É necessário enfatizar que estatisticamente são poucos os que "manobram" conscientemente o pensamento, com a lucidez precisa para a operação de modificação.

"Na maioria, Espíritos desenfaixados do corpo físico quando criança, por não terem elevação moral, não logram a maleabilidade da transformação, tendo em vista que não acessam a sede da memória do perispírito e, sem este mecanismo não há "elementos", "estímulos" para a transformação do perispírito, expressando morfologicamente a aparência de vidas passadas.

"Espíritos nessa condição de evolução moral deficitária encontram, neste setor do Departamento Assistencial, o lar de auxílio e apoio às "criancinhas" carentes de assistência carinhosa e educacional.

"Continuamos neste pouso Educacional Infantil a atender o alvitre de Jesus: Deixai vir a mim as criancinhas.

"Dedicadas senhoras auxiliam as nossas crianças, que prosseguirão em seu crescimento.

"Todas elas sentem a ausência dos pais, exigindo esforço redobrado de mães espirituais que as recebam em nome do amor.

"Crianças que tiveram contato com avós, tios, pais, que as antecederam na viagem, são encaminhadas aos seus lares na Colônia sem necessidade de estarem efetivamente nesta Instituição.

"São os destaques gerais de tema grave, mas real no processo de evolução do ser."

Nossa instrutora Marisa abriu-nos espaço para perguntas, e não contive a ansiedade:

– Com as lições recebidas, compreendemos os mecanismos de Amor das Leis Divinas. Os Espíritos-Crianças deverão tomar a forma adulta para reencarnar ou não há necessidade?

– Importante sua pergunta, André! Não há necessidade. Muitas destas crianças podem retornar ao próprio lar, que deixaram no mundo físico, motivadas pelos vínculos de vidas anteriores. Outras retornam em outros lares, prosseguindo a caminhada evolutiva inevitável. O Departamento de Planejamento Reencarnatório tem controle de cada Espírito que está associado a esta Colônia e, consoante a necessidade de cada um, poderá associar o Espírito em outro Lar na vida física atendendo as suas necessidade de aprendizados específicos. O fascínio da reencarnação é exatamente de que não há rompimento dos elos entre os Espíritos afins.

"A reencarnação, neste caso, é uma pausa para Espíritos afins que precisam aprender em outros domínios de convivência.

"Ampliam-se assim os elos da Família Universal, sem romper com os corações mais caros aos nossos sentimentos. Compreendeu, André?"

– Perfeitamente, Marisa!

Compreendia que o homem está extremamente equivocado quando se coloca na posição de sábio, que tudo explica e compreende no palco da vida.

Agora entendia a Justiça Divina.

Não seria justo percorrermos a estrada longos anos, propensos aos erros, e por isso mesmo, fadados a um julgamento definitivo, segundo interpretações religiosas, enquanto uma criança fosse elevada ao Plano Celeste, sendo que poucos passos efetuou, sem possibilidades de cometer erros gravíssimos.

Contemplando a criança nesta óptica da reencarnação configurava-se a equanimidade de Deus.

Não me detive, fui ao encontro da Benfeitora Marisa, abraçando-a fraternalmente, agradecendo-lhe os ensinamentos providenciais.

Saímos até o pátio a convite da instrutora, e as lágrimas romperam incontroláveis ao identificar centenas de crianças brincando com suas mães espirituais em clima de festa. Outras mantinham-se internadas em quartos arejados e confortáveis, algumas recém-chegadas à Colônia, outras por condições interiores, já há algum tempo na Colônia, mas com dificuldades específicas cujos fatores eram variados, mas todas, sem exceção, pajeadas por mães dedicadas e especiais como sendo Mensageiras da Esperança.

12

NO DEPARTAMENTO DE ENSINO

Sendo a vida corpórea apenas uma estada temporária neste mundo e devendo o futuro constituir objeto da nossa principal preocupação, será útil nos esforcemos por adquirir conhecimentos científicos que só digam respeito às coisas e as necessidades materiais?

"Sem dúvida. Primeiramente, isso vos põe em condições de auxiliar os vossos irmãos; depois, o vosso Espírito subirá mais depressa, se já houver progredido em inteligência. Nos intervalos das encarnações, aprendereis numa hora o que na Terra vos exigiria anos de aprendizado. Nenhum conhecimento é inútil; todos mais ou menos contribuem para o progresso, porque o Espírito, para ser perfeito, tem que saber tudo, e porque, cumprindo que o progresso se efetue em todos os sentidos, todas as ideias adquiridas ajudam o desenvolvimento do Espírito."

(*O Livro dos Espíritos* – Questão 898)

A cada estágio efetuado, ao chegar em casa, vovô Antônio encontrava-se em clima interior de total expectação, ansioso por ouvir-me a respeito das experiências que tinha vivenciado.

Os seus olhos pareciam como duas estrelas cintilantes, aureolados por sorriso ameno.

Sentávamos nas poltronas da sala e eu discorria alegremente sobre os temas estudados no dia anterior e comentava minuciosamente a respeito das várias dependências visitadas.

Posteriormente, tive ciência de que não só a curiosidade do vovô se fazia presente em sua atenção, outro objetivo também existia: o de que, em expondo o que havia presenciado, exercitava o processo de assimilação, imprescindível à composição de meus novos pensamentos que se formavam na Colônia.

Não obstante o foco atual de meus novos projetos, não me deixava alheio aos compromissos com os afetos que ficaram na retaguarda da vida física.

Confesso que ao me acomodar para o repouso necessário, não era num átimo que conciliava o sono, pois os pensamentos viajavam nas reminiscências que surgiam na memória.

O grupo, a que me afeiçoara no estágio, ensejava à cultivação de novos amigos e à permuta constante de observações em torno das lições recolhidas, confirmando, assim, a organização magistral na Colônia.

Cada alvorecer constituía-se de novas alegrias para o meu coração. A vida, para mim, se apresentava com outro brilho, e a confiança, pouco a pouco, instalava-se em meus sentimentos.

Prosseguindo no estágio, rumei até o Departamento de Ensino , onde o amigo Francis exercia suas tarefas na Colônia.

Na convivência com Francis e Cenira, sua mãe, compreendia o valor da humildade, porquanto os dois valorosos amigos eram portadores de vastos conhecimentos. No cordial bom-dia de sempre, aprendi com Leonora que na Colônia essa manifestação deveria ser uma expressão de naturalidade sem qualquer frieza do automatismo. Recordei-me dos cumprimentos na vida física, e muitos deles representavam apenas um automatismo de expressão, sem que fosse emitido com a consciência de desvelo e atenção em envolvimento amoroso.

Na Colônia, primava-se para a expansibilidade do cumprimento verdadeiro, no chamado olhar nos olhos, no abraço sincero e afetuoso.

Os cumprimentos e as saudações de forma alguma eram uma representação de etiqueta social.

Atendendo à programação do dia no Departamento de Ensino, passamos a uma visita espontânea nas várias dependências que compunham esta área de grande importância para a aquisição de conhecimento.

O Departamento de Ensino era constituído de doze edifícios de grandes proporções, formando um círculo na área de sua edificação.

O acesso ao Departamento era possível por quatro entradas, onde cabines controladoras realizavam a tarefa de recepção.

Na região central do círculo, formada pelos edifícios uma encantadora fonte permitia o bailar da água em ritmos regulares e coloridos. Pássaros em multicores brincavam e bebiam na fonte graciosamente, emitindo sons vibrantes e espiritualizantes. Árvores circundavam a área, com bancos e mesas que acomodavam os alunos do Departamento.

Um dos edifícios pertencia à Administração do Departamento de Ensino, onde os secretários responsáveis laboravam com o apoio de equipe extensa. Os outros onze edifícios abrigavam diversas áreas do conhecimento, onde eram ministrados diversificados cursos.

Cada um dos edifícios continha um anfiteatro capaz de abrigar centenas de alunos para eventos programados, porém, no edifício da Administração do Departamento de Ensino, um colossal teatro permitia a concentração de todos os frequentadores das áreas de estudos e aprendizados.

Particularmente foi a edificação que mais sensibilizou-me, pois ela se fazia contígua ao edifício, abrindo-se em torno de um espaço em formato semicircular, poltronas eram distribuídas no mesmo contorno em alturas progressivas, ficando o local de direção dos eventos na posição mais baixa.

A movimentação era intensa, tanto internamente quanto nos pátios do Departamento.

Nos bancos e nas mesas dos pátios, turmas conversavam animadamente compulsando livros, denotando equipes de estudos, permutando impressões valiosas e instrutivas.

Fomos atendidos por Cassiano, integrante da Secretaria Geral do Departamento.

Ele seria o orientador da manhã a discorrer sobre as atividades do Departamento de Ensino.

Fomos encaminhados a uma sala de reunião; realizadas as apresentações de todo o grupo por Leonora, Cassiano não se fez de rogado, iniciando sua exposição:

– Amigos! A vida é uma viagem constante ao conhecimento. O mundo das ideias sublimes é o cenário mental dos Nobres Espíritos, que lograram o equilíbrio do conhecimento e da ação em verdadeira sintonia.

"As áreas do conhecimento são segmentos que compõem a Verdade. E pensar que o homem, na esfera dos sentidos físicos muitas vezes, jacta-se do domínio de seus conhecimentos como se não precisasse de Deus, como outrora asseverou Laplace, matemático e físico francês. Nietzsche, filósofo alemão chegou ao cúmulo de asseverar que as Igrejas se tornaram o túmulo de Deus.

"Por mais respeitáveis que sejam os homens da Ciência, da Filosofia, vejamos a sandice de algumas de suas conclusões, como se além dos limites sensoriais nada mais se tem a aprender, tendo em vista a visão reducionista.

"Contudo, todos eles se desvincularam do corpo físico e como Espíritos imortais, descerraram os olhos espirituais para a grande realidade da vida, que prossegue nas dimensões espirituais. Somos informados que estes grandes homens ao recobrarem a consciência na vida espiritual veem-se sob o impacto da tristeza por concluírem que por muito que fizeram para o progresso da humanidade, em realidade, muito ficou por fazer e lamentam o equívoco de suas ideias materialistas, reduzindo o homem ao pó.

"Filosoficamente podemos definir que o conhecimento é infinito.

"Justamente atendendo a Lei do Progresso é que a Colônia edificou este Departamento de Ensino, para atender as necessidades de conhecimento do Espírito em processo de evolução, rumo à perfeição.

"As áreas do conhecimento permitem o desenvolvimento da inteligência.

"No mundo físico, ao qual todos nós estamos vinculados pelo princípio da responsabilidade, cada área atende as questões íntimas do Espírito no afã de seus mais caros anseios e objetivos.

"Exemplifiquemos, para que vocês possam compreender a lógica do ir e vir, ou seja, a reencarnação e a desencarnação, duas pontes de acesso ao conhecimento.

"O médico que se dedicou ao mister da cura em favor da saúde humana, ao desencarnar, chegará aqui com os mesmos anseios de serviço, contudo, deverá se adequar aos procedimentos excelsos, que são executados na esfera espiritual, mecanismos avançados de diagnóstico e tratamento, especificações estas que o vocabulário humano não comporta expressão."

Ouvíamos atentos!

O orientador simpático continuou com suas elucidações:

– Este trabalhador da saúde continuará seus estudos na vida espiritual, amealhando conhecimentos novos que o capacitarão com mais informações e, quando retornar às experiências humanas poderá cooperar eficazmente com a Área da Saúde, como criar aparelhos avançados de diagnósticos e métodos de procedimentos menos invasivos no tratamento das doenças.

"A origem do pensamento que pouco a pouco se materializa entre os homens tem seu nascedouro na pátria espiritual.

"Grupos de Espíritos em determinado local da experiência humana desencadeiam as chamadas descobertas, que beneficiam o homem, engendrando melhoria na qualidade de vida. Estamos nos reportando apenas à Medicina para ilustrar o nosso raciocínio.

"Quantas áreas abrangem o conhecimento humano, constituindo uma engrenagem a auxiliar o homem? Todos os Espíritos, nas áreas que desenvolveram e estiveram vinculados no mundo físico, darão sequência ao estudo na vida espiritual reciclando conhecimentos.

"Assim é que são admitidos neste Departamento de Ensino objetivando o planejamento do retorno.

"Os chamados gênios são Espíritos construtores a serviço das propostas divinas de Jesus. Edificaram a Sabedoria no carreiro da reencarnação e, quando imersos no mundo físico desempenham atividades de destaque, contribuindo por um mundo melhor entre os homens.

"A chamada vocação é o espelho da mente que programou na vida espiritual o curso de sua nova existência, visando às retificações que se façam necessárias e contribuindo para o conforto no plano das formas mais densas.

"As crianças com definições precoces são provas irrefutáveis do que estamos expondo.

"Não se trata apenas de uma constituição cerebral diferenciada consoante as neurociências proclamam em suas conscienciosas observações.

"O cérebro ao se formar por bilhões de neurônios, constituindo as células nervosas, em seu mecanismo de conexões brilhantes a expressar as ideias do Espírito Imortal, ideias sedimentadas na senda das várias existências.

"O materialismo verá nas sinapses neuronais o jogo fortuito da vida.

"As sinapses neuronais são o reflexo físico do engenho elaborado pelo Espírito imortal, que detém o conhecimento.

"Citamos as crianças que tocam músicas sem antes terem contato com qualquer instrumento, ou outras crianças que executam operações matemáticas complexas, sem antes terem familiaridade com conhecimento anterior. Perguntaríamos onde está a origem desses conhecimentos?

"Como diria um eminente instrutor deste Departamento, um dia o homem compreenderá as sinapses de Deus."

Neste dia a pergunta estava a cargo de nossa amiga Adriana:

– Cassiano, o Espírito no âmbito do conhecimento seguirá uma área linear?

Atendendo com toda boa vontade, nosso Cassiano a abordou:

– Sem dúvida que não, Adriana! Se assim fosse, nós estaríamos circunscritos a uma esfera restrita de possibilidade para conhecer as verdades de Deus. De forma planejada, consciente, podemos arquitetar a experiência em outro domínio do conhecimento, atendendo a importância de nosso aprimoramento. Neste caso, nós seremos direcionados na vida física a nos associar a uma nova vereda de aprendizado, de forma irresistível pelas circunstâncias que se substancializaram, mesmo que pendamos para a área que guardamos relação devido ao seu exercício em pregressas existências.

"Nos casos em que a criatura na vida física titubeia em definir a sua posição, representa uma provação, um desafio que deverá enfrentar visando à conquista de experiência."

Culminando com sua dissertação o amigo orientador, lembrou-nos:

– No Sermão do Monte, temos o Mestre Divino estabelecendo as Leis Morais, instituindo o ensino no ambiente humano como bases no Amor Divino, pois toda profissão entre os homens é uma Escola de Deus.

Despedimo-nos de Cassiano e, com a sua anuência visitamos as instalações da Secretaria Central do Departamento de Ensino.

Ficamos edificados pelos métodos eficazes de ensino, inspirados nos grandes gênios da Educação.

13

NO DEPARTAMENTO DE CULTURA

O mundo espírita é o mundo normal, primitivo, eterno, preexistente e sobrevivente a tudo. Introdução, item VI.

São sensíveis à música os Espíritos?

Aludes à música terrena? Que é ela comparada à música celeste? A esta harmonia de que nada na Terra vos pode dar a ideia? Uma está para outra como o canto do selvagem para uma doce melodia. Não obstante, Espíritos vulgares podem experimentar certo prazer em ouvir a vossa música, por lhes não ser dado ainda compreenderem outra mais sublime. A música possui infinitos encantos para os Espíritos, por terem eles muito desenvolvidas as qualidades sensitivas. Refiro–me à musica celeste, que é tudo o que de mais belo e delicado pode a imaginação espiritual conceber.

(*O Livro dos Espíritos* – Questão 251)

Toda manhã desfrutava da grata satisfação de dialogar com o vovô Antônio.

Aos poucos, fui me adaptando aos processos de alimentação que a Colônia oferecia, trabalho que não me foi fácil, diante da mente ainda cristalizada nas lembranças da vida física.

Nesse dia, acompanharia o vovô Antônio, tendo em vista que vovô exercia suas funções na Biblioteca, vinculada ao elevado Departamento de Cultura.

Demandamos ao Departamento de Cultura, felizes, observando a movimentação na Colônia, sempre intensa.

Despedi-me de vovô tão logo encontrei o grupo que esperava nossa Leonora.

Leonora nos conduzia na semana afeta ao nosso estágio com incomensurável dedicação e atenção.

Tive o prazer de apresentar vovô Antônio ao grupo, todos o abraçaram afetuosamente.

Quando Leonora chegou, sem perda de tempo avançamos ao interior do Departamento da Cultura.

Logo na recepção, observamos nas extensas paredes quadros sublimes, retratando as mais variadas particularidades da vida na Colônia.

Em dado quadro, a topografia, em visão superior da Colônia, mais ali, outro quadro demonstrava os matizes sublimes do bosque; acolá, a paisagem de Jesus sobre o monte diante de uma multidão sedenta de ouvi-Lo.

A recepção foi calorosa pelos responsáveis por atender-nos, conduzindo-nos à visitação das dependências do Departamento.

Visitamos inicialmente a sala de Amadeus Mozart, onde havia instrumentos de variadas expressões, como violinos, pianos, trombones, harpas, violões, baterias e outros na feição de mostruários enovelados em suportes de vidro.

Nas adjacências dessa sala tínhamos as salas consagradas aos alunos e musicistas que ensaiavam jubilosamente notas delicadas e formosas.

Logo em seguida, conhecemos com emoção a Sala Tarsila do Amaral, com outros esplendorosos quadros edificados por sensíveis pintores da Colônia.

Prosseguindo, para a minha emoção, adentramos imenso salão, pertinente à Sala Monteiro Lobato, onde encontrei vovô Antônio laborando, conforme suas atribuições na Biblioteca.

Percebendo nossa presença, identificando–me, suavemente acenou com a destra, com seus olhos denotando expressivas emoções.

Subimos uma escada que nos ofereceu uma pequena sala de reunião, onde receberíamos valiosas elucidações a respeito das atividades do Departamento.

Sentamo-nos ao redor de singela mesa de uma madeira delicada no tom para o marrom.

Quando uma senhora elegante se destacou à nossa frente, desejou-nos boas-vindas.

Era a Sra. Sofia, a expositora destacada para aquela manhã.

Ao longe, ouvíamos as músicas amenas que se misturavam a vozes portentosas, provavelmente ensaiando para uma apresentação.

Saudações efetuadas, Sra. Sofia principiou os esclarecimentos:

– Meus filhos – em tom suave e maternal – o Divino Mestre nos abençoe em mais um dia de aprendizados para todos nós.

"A Cultura no sentido mais amplo, é o retrato de nossas aquisições no terreno da alma.

"Os delicados matizes dos nossos sentimentos erigem a história de nossos aprendizados perante a vida, compondo o acervo de nossas conquistas.

"A Colônia Espiritual Novo Amanhecer possui a sua história, expressando os seus hábitos espirituais, materializada na Literatura, na Música, na Pintura, no Teatro.

"Imigrantes italianos e portugueses, que se ligaram a região no mundo físico, aos poucos foram pelas bênçãos de elevados Espíritos de dimensões superiores autorizados a realizar a construção da Colônia que nos recebe.

"Este intercâmbio entre os dois planos ocorre logicamente em outras regiões do mundo físico, atendendo aos fatores essenciais da sintonia e das necessidades evolutivas.

"Como não somos detentores ainda de asas para alçar voos mais altos, em planos mais elevados, permitiu a Paternidade Divina, que ao redor da crosta muitas Colônias de vasta proporção se levantassem, como planos de transição aos Espíritos ainda passíveis de retorno à indumentária física recapitulando experiências necessárias visando ao seu crescimento intelecto-moral.

"À medida que Espíritos se aproximam de determinada região no mundo humano, sob o controle da esfera espiritual, criam–se os grupos afins, que se alternam entre as Colônias e o mundo físico na região em que estão associados.

Dessa forma, temos a história de nossa Colônia registrada neste Departamento, desde sua fundação, seu desenvolvimento espiritual, o planejamento de sua estrutura sócio-espiritual efetivando o seu *modus operandi* conforme as Leis do Amor."

Lembrei-me do livro que compulsei na casa de vovô Antônio. Na obra está especificada em detalhes a evolução da Colônia, passo a passo.

Ainda atento aos esclarecimentos da Sra. Sofia, ouvia-a prazerosamente.

– O secretário geral guarda com muito zelo essas informações do progresso da Colônia, que continua paulatinamente se aprimorando.

"Nosso olhar não deve apenas circunscrever para as nossas necessidades diante da experiência humana, no sentido de nosso retorno inevitável. É imprescindível olharmos para o nosso futuro! Poder vivenciar no porvir, conhecimentos novos em esferas superiores, mais próximas desta Colônia, quando as conquistas superiores morais nos endossarem o mérito para justo anseio de elevação.

"É preciso considerar um elemento muito importante na evolução da Colônia: o intercâmbio efetuado com outras Colônias em nosso nível dimensional.

"Qual ocorre no mundo físico, onde cidades se visitam, colhendo informações para melhorias, assim, igualmente ocorre conosco.

"É preciso considerar, meus filhos, que não estamos isolados, como se estivéssemos em uma ilha, que ao seu redor existisse apenas a extensão do mar.

"No espaço de nossa esfera dimensional, temos a presença de outras Colônias, vizinhas, com sua história específica de progresso e podemos ter acesso a todas elas em verdadeiro intercâmbio fraternal."

Estava maravilhado com essa consideração da Sra. Sofia. Em alguns momentos tinha para mim a impressão de que a Colônia estava isolada no espaço.

Sem qualquer fadiga, adoravelmente nossa distinta orientadora seguia a lógica deslumbrante de seu raciocínio.

– Temos, na Biblioteca, a literatura de nossos escritores da Colônia, versando sobre os variegados temas da Vida e do Ser.

Como também, temos as cópias espirituais dos livros edificantes criados pelos nossos companheiros quando na vida física, muitos escritores são de outras Colônias.

"Salientamos que é muito rígida a seleção das obras para comporem os itens de nossa Biblioteca."

Como a responder o meu pensamento, Sra Sofia expôs:

– Sim, livros de nossos irmãos de outros países aqui se encontram, uns traduzidos por equipe deste Departamento, outros mantidos na linguagem proveniente do país do escritor.

"Como sabemos, somente nos planos mais elevados é hábito a comunicação pura pelo pensamento sem o uso da verbalização.

"Ainda aqui carecemos do processo verbal, contudo, alguns habitantes em condições de maior elevação e adestramento espiritual praticam o meio puro do pensamento como comunicação.

"A morte não destrói o acervo de nossa cultura amealhada na vida física, portanto, aqueles que dominavam outros idiomas, aqui sem qualquer alteração, logram ler os livros considerados estrangeiros em uma linguagem mais popular entre os homens."

O grupo se entreolhava fascinado, diante de realidades reveladoras, em face de nossa ainda ignorância a respeito dos domínios da vida infinita.

– Tanto na música, como na pintura temos duas divisões na Colônia, a saber: primeiro os que já se identificam desde anteriores existências com a arte; segundo os que estão tomando contato pela primeira vez na Colônia, desejosos de aprimorar a sensibilidade da criação.

"Eméritos professores consagram o seu tempo em cooperar com os frequentadores das escolas.

"A música e a pintura são as duas únicas áreas do conhecimento que não estão afetas ao Departamento do Ensino.

"Instituiu-se esta particularidade quando em visita a outra Colônia observou-se essa disposição organizacional, compreendendo que o ambiente do Departamento de Cultura seria mais favorável aos seus interessados, tendo em vista que o recolhimento, o silêncio são instrumentos valiosos dos artistas e aqui atendemos esta particularidade.

"Quando ocorreu a alteração de localidade os nossos artistas produziram muito mais.

"Como perceberam, a música esta presente em todos os locais possíveis e adequados na Colônia, pois suas notas expressam sentimentos, e sendo estes de elevado teor, ao se fazerem perceptíveis penetram os recessos da alma facultando bem-estar e cura.

"Poderia se dizer em uma metáfora que o sopro de Deus é a música Celeste a irradiar por todo o Universo.

"As movimentações dos astros emitem sons.

"O som da cachoeira não seria uma música de Deus?

"Semanalmente, temos apresentações destes trabalhadores da Arte, atendendo aos gostos variados de ritmos e melodias, sem, contudo descambar para o desequilíbrio."

Arrematando suas considerações, a agradável expositora, informou:

– A pintura e a música não só se propõem em atender o anseio dos que a elas se familiarizam no mundo físico, como funcionam de terapia a muitos companheiros em processo de desequilíbrio emocional, excetuando os que estão em estado grave, conforme vocês puderam identificar no Departamento Assistencial.

"Muitos profissionais da área médica em um intercâmbio conosco encaminham seus pacientes a nos procurar, quando o caso assim sugere o compartilhamento com a pintura ou a música.

"Temos uma equipe de trabalhadores especializados a atenderem esses nossos amigos em desalinho emocional.

"Efetua-se uma entrevista personalizada, e desta forma, estes trabalhadores dedicados conseguem associar tarefas específicas no trato com a pintura e música, não exigindo deles evidentemente que sejam um Michelangelo ou um Mozart."

Sorrimos calorosamente ante a observação de nossa instrutora.

– Em geral, muitos desses alunos, ao se revestirem do corpo biológico, tornam-se amantes da arte em suas várias expressões, contribuindo para um mundo mais feliz, expressando em um conjunto de notas e no dinamismo de formas e cores as belezas imortais do bem.

Como sempre ocorre em nosso estágio, as perguntas podiam ser formuladas.

Poliana, nossa outra amiga, considerou perguntando:

– Quando estive em recuperação na área hospitalar da Colônia, identifiquei pessoas alegres, felizes, como os palhaços na vida física que entretinham os doentes, nas mesmas características, bem como observei dois grandes teatros neste Departamento. Poderia nos falar a respeito?

– Filha, como vocês estão cientes, toda tarefa nobre no mundo físico é a expressão que emana originalmente da Vida Espiritual. Nossos amigos jungidos ao teatro naturalmente com características elevadas, seguem aqui, dramatizando com o cunho de objetivos moralizantes.

"O Departamento de Cultura promove seguidamente estes eventos, sempre em consonância com as orientações advindas da Administração Central que, com bases em suas estatísticas, pontuam as necessidades prementes dos habitantes da Colônia, e, com esta identificação, diretores sensíveis criam narrativas a atender o público específico, no tentame de orientá-los, desta forma, atores e atrizes são chamados ao labor, encenando, motivando os moradores da Colônia a intensas reflexões íntimas.

"Quanto aos nossos Amigos da Alegria, são planejadas visitas à Área Hospitalar, pois o remédio saudável do sorriso é salutar benefício aos que vivem acrisolados em seus dramas e conflitos complexos, oriundos de suas atitudes impensadas quando na experiência humana.

"Estes Amigos da Alegria, como denominamos, com a arte que a vida lhes confere, conseguem, por alguns instantes desconectar as mentes fixas na dor, ofertando o arco-íris da esperança, registrando a mensagem de que o futuro nos espera para sermos felizes e que Deus nos prodigalizou o tempo como ensejo de apagarmos todo o mal, edificando em nossos corações o novo homem em Cristo como asseverou o Apóstolo Paulo."

Encaminhamo-nos até a área onde se encontravam os dois teatros e pudemos verificar brevemente alguns ensaios que se processavam naquele momento.

Aproveitei para olhar com mais vagar a biblioteca, analisando várias literaturas.

Retornei mais ao entardecer em companhia do vovô Antônio ao nosso lar, abraçados, literalmente escutando a música de minhas emoções com a pintura de minhas lágrimas no palco da Colônia a me dizer: VIVER É PARA SEMPRE.

14

NO DEPARTAMENTO DE COMUNICAÇÃO E RELAÇÕES EXTERNAS

A vida social está em a Natureza?

"Certamente. Deus fez o homem para viver em sociedade. Não lhe deu inutilmente a palavra e todas as outras faculdades necessárias à vida de relação."

(*O Livro dos Espíritos* – Questão 766)

A cada dia de estágio, todo o grupo depositava em Leonora, nossa orientadora, imenso carinho e imensa gratidão pela benevolência com que éramos atendidos, felicitando a todos os integrantes do grupo.

Nesse momento, na Colônia, vivenciava instantes de proveitosa meditação.

Não conseguia dimensionar a alegria que tomava conta de meu ser, apesar da saudade intensa de minha mãezinha e de meu paizinho.

Pensava constantemente em meus irmãos, Caio e Fernanda, e à maneira de um irmão-criança, eu imaginava me sentar com eles no sofá de casa e contar-lhes as novidades da Vida sem fim, eterna!

As lágrimas percorriam a face, não mais com a dor que

oprime, mas com uma saudade-certeza de que logo estaria com eles, no momento certo e justo.

A organização da Colônia refletia em meus pensamentos, também de forma ordenada, e o equilíbrio pouco a pouco inundava meu ser.

Compreendia a verdade da prece, sem qualquer apêndice, sem qualquer ato cerimonial.

A prece não era apenas um manuseio dos lábios, externando palavras em um jogo de palavras soltas.

A prece sem dúvida era o maior e mais eficiente meio de comunicação do Ser com o Criador.

Quando buscava o refúgio da prece, não pairava mais qualquer dúvida quanto a Deus estar ou não me ouvindo.

Naturalmente estava ciente de que sim, Ele me ouvia, pelos ouvidos de Suas Soberanas Leis.

E como Pai Amoroso e Justo se valia dos mecanismos da vida ao meu lado para me responder os anseios íntimos, e inspirar-me com segurança qual a trilha a palmilhar, principalmente com o cuidado de não ferir ou prejudicar a ninguém.

Como alhures pude mencionar, nas esferas ainda próximas ao plano físico, carecemos de acessórios para que o processo de comunicação se efetue.

Quantas vezes Francis ou Cenira, como Dr. Álvaro ou Carolina, pareciam adivinhar os meus pensamentos e sem que eu verbalizasse, eles me elucidavam com exatidão.

Eu, por minha vez, fixando neles não lograva captar os seus pensamentos íntimos.

Por isso, a verbalização continuava sem mudanças bruscas, referente ao meu momento de adaptação na Colônia.

Assim sendo, em uma visão mais ampla da Comunicação, a estrutura da Colônia se revestia de aparelhagens, como o rádio, a televisão, as telas, os painéis, telefones e computadores em design muito superior aos do plano físico, emoldurados em delicadezas, mas com eficiência no atendimento das necessidades dos habitantes.

Esses detalhes havia observado desde que descerrei os olhos na Colônia; e para o homem comum não habituado aos temas de transição de um plano para o outro, quando aqui toma consciência de si, pensa estar ainda no ambiente humano, conquanto existirem variedades de objetos com funções na vida espiritual sem definição no vocabulário humano.

Avançamos por longo corredor no Departamento de Comunicação, vislumbrados pela equipagem que sustentava toda a comunicação na Colônia.

Fomos conduzidos por sensível e simpático jovem a uma sala que nos abrigaria nos instantes de esclarecimentos que iríamos desfrutar.

Uma mesa oval postava-se no centro da sala, com microfones e outros aparelhos, que não conseguia identificar, por mais que buscasse na memória associar a algum equipamento no mundo físico.

Acomodamo-nos, discretamente e percebíamos que belíssimas flores enfeitavam o centro da mesa, no seu formato ovoide.

Não demorou muito e um senhor abriu a porta, sorrindo simpaticamente para todos.

Tratava-se de Antenor.

Acercou-se e, após breves palavras com Leonora, começou a discorrer, descontraidamente:

– Meus amigos, sejam bem-vindos a este Departamento

de Comunicação e Relações Externas. Como a luz que irradia por todos os cantos do Universo, este Departamento visa disseminar a informação enobrecedora a todos os habitantes da Colônia.

"Como sabemos, nosso plano é constituído de elemento semimaterial em se comparando à matéria densa que estrutura a vida física, mas que, por sua vez, não deixa de ser "matéria" quando se trata no olhar dos planos superiores ao nosso.

"Assim, se forma o grande concerto da Vida Universal, em múltiplas dimensões.

"Vocês poderão perguntar aonde quero chegar com este início de exposição."

De fato, neste momento, estava pensamento exatamente desta forma.

– Pois bem, meus caros, o que desejo dizer em outras palavras, diante do tema fascinante é que mesmo na vida espiritual estamos circunscritos por limites, por mais o atributo de sensibilidade dos elementos que constituem este plano.

"O nosso corpo espiritual é sensível às volitações de nossos pensamentos.

"Os elementos que constituem o nosso plano são mais maleáveis quando nos referimos à construção dos objetos aqui existentes, no chamado laboratório do invisível.

"As técnicas presentes são mais sofisticadas, porém sem excessos de operacionalidade, qual identificamos no mundo físico.

"As interligações dos aparelhos não fogem à lógica da eletricidade em moldes mais depurados.

"Cabe a este Departamento fornecer toda a logística de comunicação entre todos os moradores da Colônia.

"As músicas que se fazem presentes em vários pontos da Colônia provêm da emissora deste Departamento.

"Os programas instrutivos e de esclarecimento têm aqui sua sede a espraiar pela Colônia.

"Acontecimentos edificantes que ocorrem na esfera humana, contribuindo para a alegria e o bem-estar emocional são informados aos moradores após sua validação na Administração Central, pelo nosso estimado secretário geral.

"As divulgações dos nobres eventos que ocorram na Colônia são prontamente compartilhadas com os habitantes dela"

A dissertação de Antenor era objetiva, perfil a meu ver dos comunicadores que têm o dom de falar em poucas palavras temas tão abrangentes.

Prosseguindo em seus esclarecimentos, Antenor dissertava:

– O progresso é Lei Divina, e o que seria de nós se ficássemos circunscritos aos nossos conhecimentos para pesquisar e conhecer o Universo, morada do Pai? Sabem com certeza nossos amigos que muitas Colônias avizinham-se de nossa Colônia.

"Comumente, estabelecemos com elas intercâmbio visando permutas de informações melhorando as condições de nossa Colônia.

"Ao Departamento de Comunicação cabe também a saudável incumbência de intermediar relacionamentos de outros Departamentos com as outras Colônias sempre com a ciência da Administração Central.

"Antecipadamente contatamos nossos irmãos das outras Colônias, agendando nossa visita, onde somos recebidos com imenso respeito e imensa atenção, tanto quanto o inverso ocorre e vale frisar que as visitas ocorrem em Colônias não só vinculadas ao Brasil, mas se estendem às Colônias vinculadas a outros países.

"E neste clima de aprendizado vamos melhorando nossos processos na Colônia não só em infraestrutura, como nos processos de atendimento moral a todos os moradores."

Essa disposição dinâmica de relacionamento e comunicação nos deixava maravilhados. A Sabedoria Divina enseja infinitos recursos para a evolução de Seus filhos.

Contudo, receberíamos mais informações, pois Antenor iria avançar em um tema que muito falaria aos nossos anseios.

– Preciso se faz comentar que recebemos a visitação das Esferas Superiores, que por misericórdia chegam até nós, imbuídas do sagrado sentimento de nos auxiliar, trazendo-nos estímulos e novos caminhos.

"Assim sendo, Deus, em seu imenso amor, nos apartaria de nossos entes queridos que tanto amamos e que estão na retaguarda da vida física?

"Seriam tão frágeis os recursos de Deus que nos tolheriam o contato com os nossos familiares e amigos?

"Deus é um Pai sábio e amoroso! Estabeleceu um mecanismo que integra Suas Leis Naturais possibilitando que as Esferas Espirituais contatem com a esfera humana."

Interrompendo Antenor, nosso amigo Otávio, perguntou:

– Mas como o contato ocorre?

– Esclareço com toda a boa vontade, meu amigo – posicionou-se simpaticamente Antenor.

"No plano físico contamos com a janela da vida, conhecida como mediunidade.

"Sem entrar em questões de ordem religiosa que trazemos do mundo físico, é preciso termos os olhos sem preconceitos.

"O que seria do cientista se ao auscultar o seu objeto de análise o fizesse com as concepções pessoais irremovíveis?

"Decerto não efetuaria um diagnóstico preciso e real das Leis que regem o objeto em observação e estudo científico.

"A mediunidade é uma lei natural da vida, presente entre os homens. No Antigo Testamento eram conhecidos como Profetas.

"Jesus, nosso Caminho, nossa Verdade, nossa Vida, se valeu deste mecanismo da vida para estar com seus discípulos, nos momentos críticos após Sua crucificação.

"Atentemos para o Evangelho, notificado pelos quatro Evangelistas e pelas anotações de Lucas, em Atos dos Apóstolo, de ponta a ponta identificaremos o intercâmbio entre os dois planos.

"Como explicaremos a aparição de Moisés e Elias a Jesus no Monte Tabor? Como elucidaremos a aparição de Jesus a Saulo de Tarso às portas de Damasco? Como definir o surgimento de Jesus à Maria de Magdala? Finalmente, como compreenderemos o contato do Mestre com o apóstolo João na ilha de Patmos, surgindo as anotações do Apocalipse?

"Assim discorrendo, não estamos chumbados na Colônia sem recursos que não nos permitam visitar nossos entes queridos.

Podemos com a permissão de nossos maiores nos deslocarmos até a esfera física e visitarmos nossos familiares e amigos, atendendo ao princípio do amor. Em casos programados e planejados, podemos de forma direta lhes falar pelos mecanismos da mediunidade, através dos médiuns que identificamos seguros, responsáveis e comprometidos em servir com Jesus."

Nós, não conseguíamos controlar as lágrimas diante da lição que nos era ministrada.

Particularmente, senti-me como uma pessoa que estivesse andando por uma estrada há horas e encontrasse uma placa anunciando uma cidade próxima, possibilitando encontrar um telefone, que permitisse o contato com os seus familiares.

– O Departamento de Comunicação e Relações Externas viabiliza este recurso natural, quando assim é possível, atendendo a vários fatores que envolvem emissor, receptor e destinatário concluiu com desvelo Antenor.

Meus pensamentos viajavam diante de informação providencial compreendendo que estamos todos, onde estivermos, interligados pelos fios indestrutíveis do Amor.

15

INTERCÂMBIO ENTRE OS DOIS MUNDOS

Que se deve pensar da opinião dos que consideram profanação as comunicações com o além-túmulo?

"Não pode haver nisso profanação, quando haja recolhimento e quando a evocação seja praticada respeitosa e convenientemente. A prova de que assim é tendes no fato de que os Espíritos que vos consagram afeição acodem com prazer ao vosso chamado. Sentem-se felizes por vos lembrardes deles e por se comunicarem convosco. Haveria profanação, se isso fosse feito levianamente."

(*O Livro dos Espíritos* – Questão 935)

Percebia que todos os presentes na exposição de Antenor no Departamento da Comunicação e Relações Externas, estavam desejosos de avançar no tema.

Perfeitamente compreensível a estupefação da maioria, tendo em vista as condições culturais e religiosas que trouxeram das lutas humanas.

Após vencermos os momentos iniciais de perturbação, quando de nossa chegada na Vida Espiritual, adaptando-nos psicologicamente à nova esfera de ação, em razão de não termos nos adestrado mentalmente para as realidades do após a morte biológica, estávamos diante de outra realidade das Leis Divinas.

Vejamos a responsabilidade do homem no mundo físico que detém o conhecimento das verdades espirituais colocando-o debaixo do alqueire dos interesses.

Particularmente, sabia da possibilidade de comunicação entre os dois planos, sem, no entanto, aprofundar-me na questão, absorvido que estava em outros interesses.

Agora me via retomando ao tema, que aliás reportava aos meus interesses pessoais, tendo em vista que Dr. Álvaro e Francis aludiram que no momento certo poderia reaver o contato com os meus familiares.

Antenor, naturalmente, manteve-se solícito em suas colocações.

Percebendo o impacto de suas elucidações, veio ao nosso encontro, continuando a dissertar em torno do tema:

– Compreendo, meus amigos, o sentimento íntimo que agora lhes visita. Muitos de nós, ao chegar à Colônia, quando somos informados da possibilidade e realidade do intercâmbio com nossos parentes ou amigos, ficamos em estado de vislumbre, como se estivéssemos vivenciando um sonho.

"Haja vista que na experiência humana, não fomos devidamente orientados com referência à vida após a morte do corpo físico e muito menos a respeito do intercâmbio entre os dois planos de vida.

"O homem encontra-se em demasia entretido ao imediatismo das necessidades materiais, relegando a plano secundário os temas vitais, como o da imortalidade da alma e da comunicação possível com o plano espiritual, sempre deixando para depois, definindo infantilmente: depois da morte vamos ver o que acontece.

"Como mencionamos, temos registros em todos os povos e todas as culturas do contato entre os dois planos.

"Não iremos adentrar a especificações técnicas do intercâmbio, pois não é o momento para isso.

"Sem dúvida alguma, todos poderão em outra oportunidade se equipar de conhecimentos detalhados de como se processa o intercâmbio entre a esfera espiritual e o mundo físico.

"Noto em seus pensamentos expressões:

Como posso viabilizar os meus pensamentos e sentimentos no mundo físico a ponto de meus entes amados identificarem?

"Em linhas gerais, precisamos definir o que é mediunidade e o que é médium.

"Mediunidade é a faculdade que permite ao homem o intercâmbio com a esfera espiritual.

"Controlem a ansiedade, meus amigos!

"Ao seu tempo, poderão aprofundar conhecimentos em torno das faculdades mediúnicas.

"Médiuns são aqueles que logram perceber e sentir a esfera espiritual e, através de uma ou várias faculdades mediúnicas, veicular entre os homens a mensagem que provém das esferas espirituais.

"Médiuns são os intermediários entre os dois planos da vida."

Apesar do pedido de que controlássemos a ansiedade, desferi a pergunta ao nosso expositor:

– Os médiuns são pessoas privilegiadas, a quem Deus outorgou um dom diferenciado?

– Não, André! Os médiuns são pessoas comuns, detentoras de qualidades e imperfeições. A mediunidade é ínsita nas criaturas, uma predisposição orgânica, independente de religião, posição social, raça e creiam até os materialistas sem compreenderem a possuem.

"A mediunidade é inerente a todos os homens, uns a têm em grau ostensivo de manifestação, outros a têm em percepção sutil."

Realmente o tema era complexo e sentíamos que Antenor apenas o conceituava da forma mais simples para o nosso entendimento inicial.

Continuando o diálogo, ainda arrematei outra pergunta:

– Mas como se processa o planejamento de um comunicado efetivo junto aos nossos familiares?

– Excelente pergunta, André! Sem a trilogia de possibilidades associadas - emissor, receptor e destinatário -, é inviável o processo de intercâmbio em se tratando de comunicados diretos a determinada pessoa ou determinadas pessoas da vida física.

"Podemos ter o emissor, que se refere à nossa esfera, ter o receptor, que é o médium, mas não contarmos com a vontade e a disponibilidade do destinatário no caso alguém da vida física.

"Por outro lado, podemos ter o destinatário ansioso de notícias, o receptor, que é o médium à disposição de servir em nome de Jesus, mas não contar com a vontade e a disponibilidade do emissor, que somos nós, da esfera espiritual.

"Como pode perceber, para que um intercâmbio ocorra nos moldes de mensagem particular identificatória, a tarefa requer cuidado, atenção e, principalmente, atender a lei de sintonia e da espontaneidade."

– Contudo, nossos amigos espirituais conseguiriam remover alguns obstáculos? - continuei interessado, enquanto Leonora nos observava atenta.

– Sem dúvida, o amor deve estar presente em todas as

nossas manifestações perante nossos companheiros de evolução.

"Em se tratando do destinatário, procuramos diante de nossas possibilidades sensibilizá-lo a procurar o local onde se encontre o médium, no caso o receptor.

"Visamos inspirar os amigos e familiares do destinatário a informá-lo a respeito das reuniões onde ocorrem o intercâmbio, buscamos também viabilizar ao destinatário a chegada dos materiais de divulgação no mundo físico que se referem às reuniões de intercâmbio.

"Assim como, em outro cenário, comunicamos determinado habitante da Colônia de que seu ente querido está em busca de contatá-lo no mundo físico através de um médium.

"Quanto a se dispor em dirigir-se para o intercâmbio depende exclusivamente de sua vontade.

"Seja como for, o compromisso deste Departamento é associar-se aos médiuns que primam pela fidelidade aos ensinos morais de Jesus.

"Nesta base fundamental, encontramos ambiente adequado para que as mensagens enviadas sejam produtivas, em outras palavras, a mensagem contenha elementos comprobatórios que identifiquem o emissor da mensagem, trazendo efetivamente as benesses do consolo e do esclarecimento.

"Amigos! Este é um resumo que lhes entrego concernente ao processo de comunicação entre esta Colônia e o mundo físico."

Era magnífico o processo de solidariedade entre os dois planos da vida.

Antenor, mesmo resumindo, procurava trazer-nos o máximo de situações que o tema comporta, assim observou:

– Tratamos de mensagens diretas, mas alguém de vocês questionará: então só é encaminhado para o mundo físico para a visita aos familiares e amigos os que querem se comunicar diretamente com seus entes queridos através de um médium? A resposta é negativa.

"Muitos partem daqui em visita aos seus familiares com o propósito de sutilmente envolvê-los em vibrações suaves de carinho e amor.

"Se nosso familiar ou amigo for detentor de aguçada sensibilidade espiritual, identificará a onda mental que lhe é transmitida de forma lúcida, percebendo o abraço afetuoso ou a mão carinhosa que rocia-lhe a face ou uma voz terna na acústica dos próprios pensamentos, constatando a presença do familiar.

"Se nosso familiar ou amigo não for possuidor de melhores condições de sensibilidade, receberá nossos pensamentos em forma de sensações emotivas, como da saudade intensa e das lágrimas espontâneas.

"Podemos auxiliar e muito nossos familiares e amigos com a emissão de nossos pensamentos, ajudando-os a ter coragem diante de suas lutas e provações."

Nosso amigo Ricardo, integrante de nossa equipe de estagiários, valendo-se da oportunidade que era legada a todos, arguiu:

– Mas, Antenor, e os que pensam ser este contato apenas possível com pessoas escolhidas, como, por exemplo, os profetas e discípulos?

Antenor ficou alguns segundos refletindo e redarguiu prestimoso:

– Ricardo, respeitamos sem dúvida os corações que divergem. Os que preconizam com a impossibilidade de comunicação com os mortos, no mundo físico se valem da prescrição de Moisés, que deferiu a proibição junto à comunidade dos israelitas.

"Então, Moisés derrogou a própria lei por ele estabelecida, porquanto apareceu acompanhado de Elias para Jesus, no Monte Tabor.

"Em aparecendo a Jesus, na presença dos apóstolos Tiago, Pedro e João, o que de fato aconteceu?

"Um intercâmbio entre a esfera espiritual e o mundo físico.

"Apoiam-se, também, os que divergem no conceito de que só os anjos podem se comunicar e com criaturas diferenciadas a quem Deus outorgou o privilégio e o dom do profetismo, no caso, por exemplo, da aparição e diálogo do Anjo Gabriel com Maria, mãe de Jesus.

"Mas vejamos que, no Monte Tabor, nas anotações do Evangelho, não se menciona a terminologia anjo, mas sim reporta-se ao termo "dois anciões", que significa dois homens que confabularam com Jesus na presença dos três apóstolos.

"Infelizmente os interesses de grupos desviaram o pensamento do homem, distorcendo a verdade do intercâmbio entre os dois planos da vida, que sempre ocorreu em todas as épocas da humanidade.

"O tempo se encarregará de efetuar os acertos necessários.

"Jesus é um Mestre misericordioso."

As lições recebidas no Departamento de Comunicação e Relações Externas ensejavam-nos possibilidades de imensas reflexões.

Despedimo-nos de Antenor, agradecidos por tantas dádivas recebidas.

Diante de minhas perspectivas, pensando em futuro contato com meus familiares será que lograria associar-me aos outros dois pilares do intercâmbio para que um comunicado direto pudesse ocorrer?

No que estivesse ao meu alcance, e decerto com o auxílio dos amigos da Colônia, laboraria para que meus familiares encontrassem um emissor seguro, para que as minhas notícias fossem reveladoras de que eu não morri e que viver é para sempre.

Não obstante, não podia esquecer o alvitre de Francis: André, muito natural sua busca em rever seus familiares, todavia, meu amigo lembre-se dos compromissos novos nesta colônia, que inevitavelmente o convidarão ao estudo e ao trabalho.

16

DEPARTAMENTO DE PLANEJAMENTO REENCARNATÓRIO I

Como pode a alma, que não alcançou a perfeição durante a vida corpórea, acabar de depurar-se?

"Sofrendo a prova de uma nova existência"

(*O Livro dos Espíritos* – Questão 166)

No dia seguinte, rumaríamos em direção ao Departamento de Planejamento Reencarnatório, após nosso grupo ter se encontrado no bosque a pedido de nossa coordenadora Leonora, visando permutarmos reflexões em torno das visitas até então efetuadas.

Acomodamo-nos, sentados em pequeno círculo e todos puderam expressar suas impressões.

Abertamente, abrimos nosso coração, recebendo a atenção de Leonora que se emocionava a cada depoimento.

Mantivemo-nos por alguns instantes em prece e meditação, sentindo o palpitar suave de nosso coração sob as bênçãos de Deus.

Em sentida e tocante prece, Leonora agradeceu ao Senhor da Vida o celeiro de Seu Universo com as lições que nos engrandeciam a cada instante, permitindo descobrir o infinito Amor do Criador pelas Suas criaturas.

Passado algum tempo de caminhada pela Colônia, atingimos exuberante edifício formado de cristais reluzentes espraiando ao seu redor raios de luzes ao contato dos raios do Sol, formando uma cascata de multicores encantadora.

Ao adentrarmos o interior do edifício, efetuamos nossa identificação perante simpáticos servidores da recepção.

Assentamo-nos em confortáveis e delicadas poltronas, e extasiei ao verificar que na parede central da recepção um quadro de enormes proporções convidava-nos a refletir.

Ao centro, a imagem de um feto em desenvolvimento, enovelado por bolsa plástica que, como espiral alongava-se até atingir determinado ponto, o Planeta Terra, nossa grande Escola de benditos aprendizados.

Fomos convidados a dirigir-nos a uma sala, que se configurava como um anfiteatro, modelado de forma a ensejar apresentações a extenso público.

Gentilmente, um senhor à porta nos cumprimentava sob o olhar de Leonora, que estampava seu divino sorriso transmitindo-nos segurança.

Acomodamo-nos, em seguida, Leonora apresentou-nos o distinto senhor:

– Ao meu lado, encontra-se nosso amigo Fidélis, um dos Diretores do Departamento. Através de suas palavras, teremos a alegria de amealharmos ensinos preciosos referentes à nossa trajetória evolutiva.

"Fidélis, com você o grupo de estagiários que me acompanha nesta integração necessária com a Colônia."

– Leonora – iniciou sua fala o nosso orientador –, em verdade todos nós estaremos aprendendo, e aqui não se trata de uma observação de protocolo.

"Trata-se de nossa plena consciência de que, no mecanismo das Leis de Deus, o relacionamento e o intercâmbio uns com os outros são a nossa Escola infalível, capaz de descobrirmos as verdades soberanas de Deus. Meus queridos amigos sintam-se à vontade e, no que estiver ao meu alcance, estarei abordando os objetivos deste Departamento.

"Penso que sentiremos como somos amparados pelo Divino Criador, permitindo-nos oportunidades infinitas de aprendizados novos e recapitulações necessárias.

"No que pese a uma conceituação filosófica, o retorno à vida corpórea é um anseio irresistível de nossa consciência solicitando reparação, quando despertamos e nos conscientizamos de nossos equívocos.

"Não podemos nos iludir, enganar a nós mesmos.

"A vida espiritual nos faculta o encontro conosco.

"Pode-se passar o tempo que for, mas chega um momento em que caímos em si, fatigamo-nos de trilhar a senda das ilusões e dos enganos, fatigamo-nos de sofrer.

"A consciência como uma sentinela fiel nos conclama a refazer os passos.

"Não é possível alçar os Planos Superiores com as nódoas de imperfeições assinaladas em nossa consciência.

"É por isso que o retorno às experiências humanas é uma Lei de Deus, na Sua Didática de Amor viabilizando os recursos para a nossa reestruturação moral, reconduzindo-nos ao caminho verdadeiro do bem.

"Todos nós, sem dúvida, em algum momento retornaremos às experiências humanas acompanhados pelos grupos de nossas afinidades, ou não, visando à execução de projetos determinados, que venham ao encontro de nossas necessidades imediatas.

"Identifico que, ao abordar esse tema, em alguns corações, estou revirando seus sentimentos e pensamentos devido à cultura que herdaram do conhecimento adquirido na última passagem pela vida física.

"Identifico a quase incontrolável vontade de formular perguntas. Peço que as guardem por enquanto na memória. Teremos o momento para vocês expressarem suas dúvidas. Tranquilizem os corações."

Realmente Fidélis tinha toda a razão, estávamos cheios de dúvidas e questionamentos a serem feitos.

Confesso que naquele momento iria interrompê-lo com minha pergunta, mas silenciei ante seu educado esclarecimento.

– Abordaremos os fundamentos religiosos e científicos em torno da Reencarnação.

"Jesus explicitou claramente e foi anotado pelos Evangelistas, confirmando a reencarnação, embora contestado no mundo por outras interpretações religiosas. Permitam-me citar algumas anotações e depois cada um poderá efetuar a sua consulta nos Evangelhos. Vejamos que era conceito entre os judeus a questão da reencarnação, para isso nos valemos das citações de Marcos, capítulo 8, versículos 27 e 28, como de Mateus, capítulo 16, versículo 13 a 14, onde encontramos: Saiu Jesus para as aldeias de Cesaréa de Felipe, e, no caminho interrogou os discípulos dizendo: Quem dizem os homens que eu sou? E eles responderam: João Batista outros Elias, e outros; Jeremias ou um dos profetas. A pergunta deixa claro a conceituação que tinham de que o homem, após desvinculado do corpo físico, qual ocorrera com os profetas poderiam retornar a um outro corpo físico. Não se trata de ressurreição no sentido da palavra, que significa retornar com o mesmo corpo. Ou seja, por exemplo, Jeremias voltaria com o corpo que deixara outrora e Jesus por acaso não surgira no mundo qual criança nas mãos de sua mãe Maria de Nazaré? Simeão não o acolheu nos braços ainda em tenra idade? Portanto, se a ideia que tinham de que Jesus poderia ser um dos profetas logicamente podemos tratar do conceito da reencarnação, que é a volta do ser a um outro corpo devidamente preparado para as novas experiências."

Não podíamos contestar a lógica da exposição evangélica exposta por Fidélis.

– Discorrendo ainda sobre o tema, citaremos agora Mateus, capítulo 17, versículos 10 a 14, e Marcos, capítulo 9, versículo 11 a 13, ocorrido após a transfiguração na qual Moisés e Elias se materializaram confabulando com Jesus: Por que dizem os escribas ser preciso que volte antes Elias? Jesus respondeu: É verdade, Elias há de vir e restabelecer todas as coisas, mas eu vos declaro que Elias já veio, e eles não o conheceram e o trataram como lhes aprouve. É assim que farão com o filho do homem. Então entenderam os seus discípulos que fora de João Batista que ele falara.

"Vejamos que Jesus enfaticamente diz: EU VOS DECLARO, definindo sem rodeios a Lei da Reencarnação como sendo Lei Divina, ao afirmar que João Batista era a reencarnação de Elias, tanto é que os discípulos concluíram esta afirmação do Divino Mestre ao entenderem que fora de João Batista que ele falara.

"Se esta conclusão estivesse errônea, sem dúvida, Jesus efetuaria a correção, como estabeleceu a verdade em muitos outros apontamentos."

Estava admirado pelo que estava ouvindo e pensar que muitos homens passam despercebidos desses detalhes, expressando verbalmente a afirmação de que a reencarnação não existe.

– Ainda solicitando a compreensão de seus corações, amigos, concluindo nosso raciocínio em torno da Reencarnação nos Evangelhos, citarei agora a anotação de Mateus, no capítulo 9, versículos 14 e 15, na qual se verificará que se nas anotações supra mencionadas temos a conclusão dos discípulos sem qualquer advertência contrária de Jesus, na que exporei temos a afirmação clara de Jesus sobre a Reencarnação: E, se quereis bem compreender, ele mesmo é o Elias que havia de vir. Quem tem ouvidos de ouvir, ouça!

"Estabelece, portanto, o Mestre de Amor a ideia da Reencarnação como sendo uma Lei de Deus, mecanismo natural na sábia direção de Nosso Pai Celestial que não quer a morte do pecador, mas sim a sua redenção. Asseverou Jesus que nenhuma das ovelhas se perderá.

"Amigos, o retorno à vida física é o compromisso conosco, encetando o nosso crescimento moral e intelectual, preparando-nos para sermos servidores conscientes de Deus na execução de seus Supremos Desígnios.

"Através da reencarnação, compreendemos as anomalias físicas e morais existentes na vida humana, tendo como artífices as nossas próprias mãos.

"Pensando que temos só uma existência, as anomalias parecem desmentir a bondade e a justiça Divina, estabelecendo a condição de um Deus parcial, eivado das imperfeições humanas.

"O retorno à vida física é a recapitulação necessária.

"Pelos recursos do tempo encontramos a possibilidade

real de reconstrução de nosso porvir, saneando a nossa consciência, planificando o futuro na senda do bem.

"Assim, o chamado inferno eterno é inconciliável com a Bondade e o Amor de Deus, tanto quanto o é o paraíso fácil conquistado pelo jogo de palavras e fé cega.

"Diante dos preceitos excelsos do Mestre de Nazaré, Ele nos presenteou com a belíssima Parábola do Filho Pródigo.

"O filho arrependido retorna ao seio amoroso do Pai, que o recebe em festa.

"Somos o filho pródigo da parábola retornando ao Pai, solicitando oportunidades novas, após nosso desengano nos regalos imediatistas.

"Somos acolhidos amorosamente por Ele, nosso Pai, sem condenações.

"Ainda hoje o Mestre está a exclamar: Quem tem ouvidos de ouvir, ouça!

"Por mais a negativa de companheiros sinceros no mundo, a Reencarnação cumpre a sua função educativa e reeducativa, aguardando o amadurecimento para se fazer compreendida por estes corações."

A abordagem de Fidélis despertava em mim conceitos verdadeiramente novos, constatando ainda mais a minha total ignorância perante as Leis que regem a vida.

Portanto, um dia iria voltar ao palco das lutas humanas.

Não bastaria apenas eu compreender os equívocos cometidos, era preciso vivenciar de fato as lições que me convidariam a imprimir verdadeiramente em minha consciência o sentido do justo, do correto, do bem, como processo de reeducação.

Não bastaria dizer que sujei as minhas roupas e as dos outros.

Era necessário lavar com as próprias mãos as roupas que tenha enodoado, não por castigo de Deus, mas por mecanismo de Seu Amor, que pela Justiça nos reeduca.

Reparando aprenderei na prática o que não devo fazer em prejuízo de minha própria felicidade.

17

DEPARTAMENTO DE PLANEJAMENTO REENCARNATÓRIO II

Qual o fim objetivado com a reencarnação?

"Expiação, melhoramento progressivo da Humanidade. Sem isto, onde estaria a justiça?"

(*O Livro dos Espíritos* – Questão 167)

A exposição de Fidélis prosseguiu diante do tema vasto da Reencarnação, que suscitava várias interrogações, visando ao nosso real entendimento.

Estávamos cientes de que o tempo não era longo, na programação do estágio-aprendizado que efetuávamos.

Por isso, em todos os Departamentos em que estivemos o tema não fora esgotado, diante da complexidade que envolvia cada Departamento.

Apenas ligeiras noções nos eram apresentadas, mas, em minha análise, eram lições capazes de estimular um exame profundo na consciência.

– Se temos em Jesus o excelso preconizador da Lei Divina da Reencarnação, tanto quanto tivemos evidenciado anteriormente por Sócrates e Platão, temos em Jesus o excelente

Governador do Planeta Terra, dirigindo as rédeas da evolução do homem com inexaurível misericórdia e amor.

"Seus auxiliares mais experientes mergulharam no corpo físico em várias épocas da trajetória da humanidade, em variadas localidades, esparzindo luz na Religião, na Ciência, na Filosofia e na Arte.

"O homem está no processo de encontro com Deus.

"Mesmo os que se engolfam no reducionismo da vida estão no laboratório da vida, dirigindo-se ao encontro do Criador.

"O Universo e a vida estimulam e propiciam os desafios em forma de lições ensinando paulatinamente o homem a encontrar-se com o Pai, compreendê-Lo como Autor da Vida.

"Sendo assim, citaremos alguns eminentes trabalhadores da Ciência humana que contribuíram imensamente para o despertamento do homem ante as questões da reencarnação como uma Lei Natural.

"A luz da verdade, para que ela se propague, deve ocorrer de forma equilibrada para não enceguecer.

"Na Índia vamos encontrar o professor Dr. Hamendras Nat Banerjee, da Universidade de Japur, que catalogou milhares de evidências sobre a Reencarnação, principalmente em pesquisas com crianças.

"Elas revelam espontaneamente fatos ocorridos com elas no passado, anotados pelo pesquisador, que busca as comprovações, dirigindo-se a locais mencionados pela criança, consultando nomes aventados, objetos relatados.

"Surpreendentemente, todos os dados são confirmados. Os dados especificados pela criança são reais, verdadeiros.

"Anteriormente, Albert de Rochas, em Paris, utilizando

a técnica hipnótica, realizou substancioso trabalho nas chamadas regressões de memória, lançando o livro denominado *As Vidas Sucessivas.*

"Substancialmente, o norte-americano Ian Stevenson, da Universidade da Virgínia, realizou trabalhos notáveis, outrossim, através de revelações espontâneas, com mais de 2.000 casos documentados lançando o livro *20 casos sugestivos de Reencarnação.*

"No solo brasileiro, não podemos olvidar o notável e eminente pesquisador Dr. Hernani Guimarães de Andrade, que dirigindo o Instituto Brasileiro de Pesquisas Psicobiofísicas, pesquisou exaustivamente casos que evidenciam a Reencarnação, sendo como sempre criterioso em suas análises, presenteando o homem com o livro *Reencarnação no Brasil.*

"Como vemos, os homens estão abastecidos de informações preciosas sobre a Reencarnação.

"Continuamente, o mundo físico contará com grandes trabalhadores da Ciência engrossando as matérias científicas no que tange a questão da Reencarnação.

"A Reencarnação estabelece naturalmente o princípio da imortalidade da alma.

Ainda encontramos resistências religiosas e científicas quanto à Reencarnação, mas sendo Lei Natural no processo educacional do ser, o tempo prodigalizará as certezas de que muitos carecem.

"A Reencarnação é a porta aberta ao progresso do homem.

"Em várias etapas, o homem retorna às experiências humanas visando ao seu progresso moral e intelectual."

Não víamos ninguém perder um momento sequer a explanação de Fidélis.

Particularmente, pouco a pouco, ia compreendendo a dimensão e a complexidade da Vida na Engenharia Divina do Criador.

Fidélis abriu espaço para perguntas, e, sem perder tempo nosso amigo Carlos, perguntou:

– Não seria ideal que nos lembrássemos de nossas vidas anteriores?

Sorrindo, o nosso instrutor gentilmente respondeu:

– O esquecimento de nossas existências pregressas, Carlos, é uma dádiva de Deus.

"Nossas ações, sem a diretriz do amor vêm nos comprometendo, gerando diversos dramas envolvendo outras criaturas que, conosco partilharam as experiências.

"Não obstante nossas deficiências interiores, evidentemente também erigimos pontes de ações dignificadoras.

"Quando lesamos gravemente nossa consciência e a consciência de outrem, trazemos traumas complexos, intensificando sentimentos de culpa e mágoas.

"Quantos vivem alimentando mágoas por uma vida inteira sem conseguir desculpar, perdoar o autor da ofensa, gerando atritos intensos, verdadeiras guerras, sem tréguas, produzindo perturbações?

"Estes mesmos personagens, em retornando ao mundo espiritual, em muitos casos, continuam mantendo as mesmas cizânias.

"Atendendo a Lei de Amor e Justiça, após um planejamento cuidadoso, assessorado pelos nobres Instrutores Espirituais, é viabilizado aos corações compromissados o retorno à vida física com a finalidade de estabelecer um novo caminho de reconciliação, promovendo a paz.

"Perguntamos: Não será o esquecimento do passado uma pausa para que o avivamento dos acontecimentos não os instiguem a maiores lutas?

"Ocorrerá no contato dos protagonistas do passado, uma aversão, apresentando tendências oriundas dos acontecimentos anteriores, mas a não identificação plena possibilita um clima didático favorável, engedrando melhores possibilidades de ajuste.

"Pelo livre-arbítrio, poderão manter as lutas inferiores, atentos doentiamente aos convites da ignorância ou se libertarem das algemas do egoísmo e do orgulho, associando-se às Leis do Amor.

"Em suma, o olvido do passado é uma anestesia que o Pai aplica em todos os Seus filhos em nome de Sua misericórdia, encaminhando todos os que se encontrem em sentido contrário à perfeita Lei de Justiça e Amor à oportunidade do encontro com a estrada da redenção.

"Carlos! Não somos toda a fortaleza que pensamos ser.

"Em verdade, nossos corações, enquanto não pulsam nos padrões dos sentimentos elevados, apresentam-se frágeis.

"Deus compreende nossas fraquezas, e, assim em Sua infinita Sabedoria nos favorece com o esquecimento do passado, método educacional da alma que culminará com o nosso sucesso espiritual."

Atentei para o termo Planejamento, associado ao nome do Departamento, então por minha vez, abordei respeitosamente o benévolo instrutor:

– Então, Fidélis existe todo um cuidado para o nosso retorno ao corpo físico?

– Sem dúvida, André, somos carinhosamente amparados pelos nossos Superiores.

"Como vocês sabem as Moradas são infinitas e, dos Planos Maiores recebemos a atenção carinhosa, visando ao nosso progresso.

"Saiba que este Departamento permuta intercâmbio frequente com as Colônias Superiores.

"Cada criatura é conhecida pelo Pai e pelo nosso Divino Educador.

"A cadeia cósmica não ocorre apenas em termos de astros que pululam no Universo infinito.

"Há a cadeia cósmica dos corações entrelaçados constituindo a mais bela Sinfonia da Criação.

"Esta Colônia, em termos estatísticos está compromissada com milhares e milhares de espíritos em experiências múltiplas, catalogados em nosso banco de informação, mantendo o histórico das várias existências de cada um, ocorrendo o mesmo com outras Colônias.

"André, este Departamento conta com uma equipe altamente capacitada e especializada para cooperar eficazmente com a questão mais importante de nossa vida: a evolução moral e intelectual.

"Encontramos aqui excelentes geneticistas que analisam as necessidades individuais e mapeiam o novo corpo biológico que revestiremos no futuro ingresso às experiências humanas.

"Encontramos aqui, para citar algumas especialidades, competentes psiquiatras e psicólogos e homens que estiveram ligados ao Direito na experiência humana, mas agora com a visão jurídica do Amor e da Misericórdia envolvendo a Justiça, sob a inspiração do Senhor, arquitetando estratégias de redenção de grupos que retornaram à experiência humana.

"Toda esta equipe laborará em favor de todos, inclusive deles próprios que em dado momento deverão regressar.

"Mesmo com a incompreensão dos que irão retornar, estes entendem perfeitamente a justeza do planejamento, acima de seus pontos de vista, muitas vezes refertos de egoísmo."

O nosso amigo Paulo, integrante de nossa Equipe de Estagiários, perguntou curioso:

– Ah! Então eu posso ver as minhas existências anteriores, com base neste banco de informações registradas?

Acredito que todos os presentes estavam com a mesma pergunta na ponta da língua.

Leonora arregalou os olhos, os sorrisos se amalgamaram, criando um momento de desconcentração.

Fidélis, sorrindo, observou:

– Paulo, providencial pergunta! Essas informações somente são reveladas a nós quando os Instrutores Maiores entendem que terão resultados terapêuticos para nós. Portanto a curiosidade, meu amigo em momento algum aqui prevalecerá.

"No mundo físico temos a terapia da regressão de memória, mas deve ser exercida por profissional especializado e responsável.

"A sonda de aprofundamento, perscrutando os arquivos de memória espiritual do paciente só deve ocorrer quando há uma combinação entre o amadurecimento do paciente em tratamento e a indicação segura visando aos resultados desejados de cura emocional do paciente repercutindo naturalmente no bem-estar e na harmonia do corpo físico.

"Retornando as questões para nosso ambiente de vida espiritual na Colônia, percebe-se que ainda na vida espiritual continuamos com as bênçãos do esquecimento do passado em nosso favor.

"Aqueles que já conquistaram o domínio de si, com amplo desenvolvimento do amor, podem acessar essas informações não só na base de dados deste Departamento, como podem ingressar e acessar na própria memória, ativando reminiscências com finalidades elevadas de reflexão e aprendizado.

"De todas as participações no estágio que estava compromissado, foi no Departamento do Planejamento Reencarnatório que constatei no imo da consciência a mão protetora de Deus em minha vida.

"No processo de nossa evolução, onde errar e acertar são cenários de aprendizados, Deus nos concedeu, em nome de Sua Sabedoria, o controle da Reencarnação, que é em essência a Lei de Ação e Reação, mostrando-nos na tela de nosso mais íntimo em que limites devem se pautar nossas atitudes.

"A visão da Reencarnação não pode estar restrita a uma visão de "pagamento" de dívidas, mas de construções do bem em favor do homem.

"Como observou Cenira em certa ocasião, Reencarnação também é provação, onde passamos por experiências novas para a aquisição de novos valores, sem encadeamento com situações de outrora."

Fidélis, ao concluir a sua apresentação, orientou-nos:

– O que abordei para vocês são aspectos em linhas gerais para uma visão da finalidade do Departamento que é a de cooperar com todos os moradores desta Colônia. Este Departamento nos permite verificar na prática a promessa de Jesus: Não vos deixarei órfãos.

18

A PALAVRA DO SECRETÁRIO-GERAL

Dentre os vícios, qual o que se pode considerar radical?

"Temo-lo dito muitas vezes: o egoísmo. Daí deriva todo mal. Estudai todos os vícios e vereis que no fundo de todos há egoísmo. Por mais que lhes deis combate, não chegareis a extirpá-los, enquanto não atacardes o mal pela raiz, enquanto não lhe houverdes destruído a causa. Tendam, pois, todos os esforços para esse efeito, porquanto aí é que está a verdadeira chaga da sociedade. Quem quiser, desde esta vida, ir aproximando-se da perfeição moral, deve expurgar o seu coração de todo sentimento de egoísmo, visto ser o egoísmo incompatível com a justiça, o amor e a caridade. Ele neutraliza todas as outras qualidades."

(*O Livro dos Espíritos* – Questão 913)

Como Fidélis mencionara, havia um setor específico no Departamento de Planejamento Reencarnatório, no qual os responsáveis pela genética construíam os mapas minuciosos do futuro corpo biológico do reencarnante.

Findavam assim as nossas visitas de estágio em todos os departamentos que compunham a organização da Colônia.

Esse processo de fato nos permitia uma integração e adaptação na nova estrada que a vida nos convidava a seguir, após a pausa de nossas experiências humanas quando o desencarne chegara.

Leonora nos avisara, antes de nos despedirmos que o reencontro se processaria no bosque onde receberíamos as palavras do secretário-geral.

Às oito horas da manhã deveríamos estar juntos, quando todos os grupos que efetuaram os estágios se reuniriam atendendo o princípio da confraternização.

Outrossim, era comum que o Secretário efetuasse este encontro, buscando associar-se com carinho e atenção aos habitantes da Colônia.

Era hábito do responsável maior da Colônia perambular pelas dependências dos Departamentos, bem como atender visitações aos lares dos moradores da Colônia.

Suas atribuições maiores na Colônia tinham bases assentadas em seu desenvolvimento moral e intelectual o que lhe outorgava a condição de tamanha responsabilidade, mas pelas informações que colhemos, jamais, em momento algum se apresentava como o secretário-geral, pois se considerava um servidor, como todos os habitantes da Colônia.

Pouco descansava, suas horas eram extremamente ocupadas com tarefas de amor pela causa da harmonia na Colônia.

Leonora comentara certa feita que de onde erigia o clamor da dor e do sofrimento, lá estava ele presente.

Suas visitas eram constantes no Posto de Atendimento, debruçando-se carinhosamente nos leitos dos que viviam efemeramente inconscientes.

A curiosidade invadia o meu coração no desejo de conhecer tão ilustre servidor da Colônia.

Com antecedência cheguei até o bosque, onde espontaneamente encontrei alguns amigos do grupo de estágio no trajeto, confabulando ainda sobre a impressão das ricas palavras de Fidélis do dia anterior.

O Sol como sempre nos beijava a face, parecendo um bom dia do Criador ao nosso coração.

Percebia que outros grupos se achegavam em calorosos diálogos, todos absorvidos pelos assuntos de seus interesses.

O palco do bosque com suas planícies ladeando o lago refrescante, as árvores frondosas, o encanto das flores e o bailar delicado dos pássaros, que em sinfonia oravam ao Criador da Vida, enchia-nos o ser de sensações indizíveis.

O homem no planeta carece de respeitar o palco da natureza por ser o manancial da vida a estruturar a sua organização física.

Ferir a natureza, buscando o regalo de seus interesses, é ferir a si mesmo.

Passado algum tempo estávamos no local onde ocorreria a apresentação do secretário-geral.

À nossa frente um campo verdejante.

Muitos corações já se faziam presentes sentados no gramado, que mais parecia uma pluma sensível ao toque de nosso corpo espiritual.

Mais à frente, estava a tribuna onde nos falaria o secretário-geral, era constituída de simples mesa embelezada por dois vasos no chão com graciosas flores.

Para nosso júbilo, acercou-se de nós Leonora, que me parecia estar mais radiante do que em todos os outros dias.

Seu sorriso parecia um alento à minha ansiedade natural.

Centenas e centenas de pessoas iam preenchendo todo o espaço do campo que nos recebia no palco da natureza.

O vozerio controlado, os sorrisos frequentes, abraços fraternais formavam o ambiente.

Passei a mão no gramado para sentir a suavidade do campo, coloquei as mãos ao rosto e pude absorver a fragrância exuberante que invadia os meus pulmões, dando-me a sensação de leveza.

Objetivando atender as nossas necessidades de elucidação do por que da apresentação no bosque, Leonora atendeu-nos a curiosidade prazerosamente:

– O nosso abnegado secretário realiza habitualmente estes encontros com os grupos de estágios no bosque para lembrar-nos de Jesus, o Mestre de Nazaré, que se valeu do palco da natureza para lecionar as suas lições imortais, constituindo assim o grande Templo de Deus, onde as criaturas podem saciar suas necessidades espirituais.

"No culto do Evangelho, que realizávamos, lendo e estudando o Evangelho de Jesus víamos o nosso Mestre caminhando pelas aldeias, se valendo da margem de lagos, montes e praças que constituíam o local preferido de Seus Sublimes ensinos."

Verificamos quando Amaro surgiu na tribuna e, ao seu lado um senhor de apresentação simples, mas com características marcantes de elevação espiritual.

Sua face era serena, suave, cabelos grisalhos revestindo uma singela túnica a cobrir-lhe o corpo.

O silêncio dominou a todos, sem dúvida era o secretário-geral que, perpassando seu olhar lúcido a todos presentes, acenou-nos com a destra, acomodando-se respeitosamente.

Amaro desejou-nos um bom-dia, esclareceu os objetivos do encontro e sem cerimônia proferiu sentida prece que acompanhamos mentalmente.

Para nossa surpresa, um coral assomou e subiu a tribuna entoando hinos espiritualizantes que nos arrancaram irresistivelmente lágrimas sinceras de emoção.

Terminada a apresentação, Amaro, se valendo da palavra, anunciou:

– Com alegria passamos a palavra ao nosso secretário-geral; Reginaldo, por favor!

Posicionando-se à nossa frente, de pé, o secretário deu inicio à sua exposição:

– Meus queridos irmãos e amigos que as bênçãos de Deus a todos protejam e nos inspirem todos os dias para que o nosso caminhar seja de equilíbrio, paz e saúde espiritual.

"Aqui estamos para saudá-los com o devido respeito que todos merecem neste ambiente sublime que nos recebe como sendo a presença de Deus entre nós.

"Sabemos das imensas lutas interiores que cada um está efetuando, dia a dia, no processo inevitável de adaptação.

"Nossos sentimentos parecem que divididos entre as paisagens da Colônia e os corações queridos, que ficaram na retaguarda da experiência humana.

"Escutamos o íntimo clamar: avançar; mas por outro lado também ouvimos: preciso de meus amados, que estão nas lutas humanas.

"Sem dúvida, iremos avançar, todavia, sem olvidar os compromissos que ainda nos esperam junto dos quem tanto amamos, e devemos, e labutam na escola humana.

"O Criador é Amor e nos criou para a sublime felicidade que nos espera, mas, antes, carecemos de vivenciar as lições da vida, aprimorando o ser, até que atinjamos o zênite da verdadeira compreensão dos objetivos da existência.

"A vida prossegue, e todos estão convidados a senti-la em seus corações como sendo o próprio Criador pulsando no íntimo de nossas consciências.

"Ao palmilharem as visitas aos Departamentos, quantos sentimentos surgiram de gratidão ao Pai que, como asseverou-nos Jesus, trabalha em nosso favor.

"Quantas idealizações e quantos planejamentos assomam em seus pensamentos.

"O trabalho aqui nos conclama incessantemente à ação, mas temos que perguntar a nós mesmos se estamos desejosos de trabalhar primeiramente para nossa satisfação, em atenção ao nosso ego.

"Sejamos sinceros conosco, para que não concitamos que o egoísmo com seus alvitres mentirosos não nos direcione aos mesmos erros que travamos na vida física.

"O egoísmo nos ilude, a ponto de pesarmos que somos o centro do universo.

"O egoísmo e o orgulho são os construtores de todas as mazelas do ser.

"Desafios são degraus na escada da vida, que nos permitem ascender ao cimo da maturidade espiritual.

"Em cada Departamento e Lar desta Colônia, convidamos a todos a focarem no trabalho, pensando no bem coletivo.

"O médico acima de tudo pensará na cura e no bem-estar do doente, apesar de felicitar-se pelo conhecimento que detém. O professor acima de tudo pensará na libertação da ignorância do aprendiz, apesar de felicitar-se pelo perfil que detém de instruir. O membro do Lar acima de tudo renunciará em favor da felicidade de seus familiares, apesar de saber de sua importância pessoal no âmbito familiar.

"Entreguem-se aos seus planos de crescimento sem se esquecer dos que estão ao seu lado, e jamais se valham dos outros como pêndulos e joguetes de seus interesses.

"Exercitemos a cada dia incluir os outros em nosso mapa de evolução, assim estaremos nos sintonizando com as Leis do Pai.

"Quando a dor do outro é a nossa e nos desdobramos para retirá-la do seu ombro, nos assemelhamos ao nosso Supremo Pai.

"Lutemos meus filhos para emergirem da concha de si mesmos.

"Não se aprisionem nas grades da vitimização, fixando-se doentiamente nas dores morais que os enovelam.

"Contem com o apoio desta Colônia, porto de sustentação do Pai, em nossa viagem pela estrada inevitável do Progresso a caminho de nossa felicidade de servir aos propósitos do Criador.

"Cabe a cada um desferir o voo para as grandes realizações ou estacionar na lamentação, que fere e estagna.

"Recebam o nosso carinho, a nossa atenção, somos servidores de todos vocês em nome Daquele que nos Ama, Deus."

As palavras do secretário-geral penetravam fundo o meu coração.

A Colônia era uma bênção de Deus em nossas vidas.

Local onde poderíamos encetar o nosso caminho de redenção, reavaliar nossos passos, pensar no amor solidário.

Em seguida às palavras de carinho paternal, as quais denominei como sendo a expressão do amor, objetivo e sincero, sem quaisquer ondulações do intelectualismo frio e superficial, o secretário-geral desceu da tribuna, colocando-se à disposição de abraçar a todos.

Imensa fila se fez.

Tranquilamente, aguardei a minha vez, mantendo o diálogo amigo com o grupo que aprendi a amar e respeitar.

Quando me vi à frente do secretário-geral, contemplei os seus braços se abrirem.

Aproximei-me emocionado, abracei-o à maneira de uma criança que se vê protegido pelo pai.

Após o abraço, meus olhos em lágrimas fitaram os olhos do secretário que transparecia um lago sereno.

Escutei-o dizer-me: Vá em Paz, meu filho. Conte comigo.

19

FAMÍLIA

Uma vez que temos tido muitas existências, a nossa parentela vai além da que a existência atual nos criou?

"Não pode ser de outra maneira. A sucessão das existências corporais estabelece entre os Espíritos ligações que remontam às vossas existências anteriores. Daí, muitas vezes, a simpatia que vem a existir entre vós e certos Espíritos que vos parecem estranhos."

(*O Livro dos Espíritos* – Questão 204)

Qual seria, para a sociedade, o resultado do relaxamento dos laços de família?

"Uma recrudescência do egoísmo."

(*O Livro dos Espíritos* – Questão 775)

Retornando para o centro da Colônia, reunimo-nos novamente em grupo, assessorados pela nossa grande amiga e benfeitora Leonora.

Já sentia no coração a saudade daquela semana intensa em que o convívio solidificou nossos elos de amizade, construídos com pura sinceridade.

Cada integrante do grupo idealizaria o seu caminho de acordo com as suas necessidades imediatas de avanço espiritual.

A mensagem do secretário fora clara para todos nós; não havia tempo para lamentações pelo que ficou no passado.

Era preciso reconstruir o caminho com mais segurança.

Verificava, por tudo que logrei conhecer até o momento, que amealhando novos aprendizados na Colônia, os conhecimentos adquiridos me acompanhariam em experiências futuras no corpo físico.

Importante se fazia não cometermos os enganos que o nosso desleixo espiritual nos incitava na jornada humana, ou seja, conhecer e não aplicar.

Cenira comentara a respeito dos que proclamam as verdades do Evangelho, que aplaudem e admiram Jesus, mas não vivenciam Seus ensinamentos nas circunstâncias do dia a dia.

Agindo assim, elegem-se as dores e as decepções, tendo o homem que refazer o caminho realizando as correções necessárias.

Estava ciente de que as atividades me ajudavam nas questões da saudade diante de meus familiares.

Despedi-me dos amigos com o abraço afetuoso de quem reconhecia na amizade que criara um verdadeiro tesouro.

Por conseguinte, os meus pensamentos durante o trajeto até a casa de vovô Antônio esfervilhavam, buscando se alinhar com tudo o que havia visto e aprendido.

Certa impaciência, mesmo momentânea se apossava de mim, pois almejava com todas as forças da alma envolver-me em alguma tarefa na Colônia.

Caminhando pelas ruas da Colônia, avistei a casa de meu avô Antônio.

Vovô sempre reforçava que a casa onde morávamos também me pertencia.

Na verdade, já me sentia em casa mesmo.

Era bom ter no vovô a continuidade de minha família.

O meu tempo estivera todo tomado com o estágio, mas os temas família, religião e filosofias aguçavam-me o interesse em intensificar conhecimentos.

Qual seria a visão na Colônia desses patrimônios da criatura?

Adentrei o Lar querido que me trazia segurança.

Faltavam algumas horas para que o vovô chegasse da Biblioteca, aproveitei para intensificar meus estudos a respeito da estrutura da Colônia.

Agora com um melhor entendimento conseguia compreender o que estava inserto no livro que reporta a história da Colônia.

Confesso, não percebi como as horas avançaram.

Só me dei conta quando a porta se abriu, com o sorriso nos lábios, vovô se achegou abraçando-me carinhosamente.

– Como foi o encontro com o secretário-geral, André?, - perguntou o meu grande amigo de todas as horas.

– Olha, vovô, é impressionante a energia que irradia do secretário. A objetividade com que trata questões complexas, sua afabilidade, sua moderação ao discorrer sobre assuntos delicados. Ele foi ao encontro do que precisamos de imediato, despertar para a nova realidade sepultando as tristezas, as lamentações, dispondo a servir o quanto esteja ao nosso alcance os nossos semelhantes.

– Sem dúvida, André, sem as mãos no arado, não temos o alimento na mesa, segundo a expressão que nos lembra nossa vida no plano físico...

Vovô sempre com suas tiradas simples, mas repletas de verdades inquestionáveis.

– Vovô, agora que me encontro mais tranquilo, fico a pensar na questão da família na Colônia. Reflito, também, como é a questão da religião na Colônia.

Não preciso dizer como estou curioso de receber informações.

– André, meu filho, veja que coincidência! Cenira passou na Biblioteca e convidou-nos a visitá-los esta noite. Está com saudade principalmente de você. O que acha meu jovem?

– Para mim, firmado o compromisso, aproveitarei para tratar do assunto que agora me apoquenta.

Meu avô tocou levemente em meu ombro e apressou-se dirigindo-se para o interior da casa.

***

À noite, estávamos no lar de Cenira, com alegria tínhamos a presença do nosso amigo Francis.

Acomodados na sala de estar, o assunto se fazia animado, de minha parte estava à procura de um momento adequado para falar sobre os assuntos que me estimulavam a refletir.

Quando a oportunidade surgiu, não titubiei e argui com todo respeito a bondosa Cenira:

– Cenira, me permita uma colocação. Há dias venho pensando na estrutura da Família e da Religião nesta Colônia. O que você poderia me informar a respeito?

Denotando a paciência de sempre, sob os olhares de Francis e vovô, prazerosamente redarguiu:

– A Família, André é conquista sublime do homem, que soube compreender a imperiosidade de viver uns com os outros. Com o avanço moral, rompendo pouco a pouco com o estado de ações pelo instinto, encadeando melhor os pensamentos, resultado de suas sucessivas recapitulações no corpo físico, agregou-se ao grupo afim conforme a lei de sintonia que nos atrai. O clã familiar é o mais precioso Instituto Educacional do Espírito. A Família constitui o processo didático inspirado e estabelecido por Deus às criaturas em formação não só pela necessidade de segurança e sobrevivência, mas, acima de tudo é a criatura atendendo ao Criador nas lições de que precisamos dos outros, promovendo a nossa potencialização intelectual e moral. O relacionamento de uns para com os outros no grupo familiar a que estamos vinculados é o exercício do amor que estamos desenvolvendo, ampliando em nós o sentido do amor universal, meta de todos os seres, atendendo o determinismo das Leis do Criador. Essas considerações são importantes para compreendermos a estrutura familiar na vida espiritual. Comumente, meu filho, as famílias prosseguem seu labor de burilamento na vida espiritual, atendendo ao princípio da sintonia. Exceto quando ocorra a situação de desvinculação transitória.

– O que seriam as desvinculações transitórias?

– São os casos em que um dos componentes do grupo familiar, ao desencarnar, não se encontra nas condições necessárias para estabelecer um contato imediato com os seus mais caros. Quando você estiver visitando o Posto de Atendimento, compreenderá na prática o que estou lhe dizendo.

– Pelo que apreendi, no mundo físico há o reencontro de criaturas que se conhecem desde antigas eras?

– Sem dúvida, os membros de uma mesma família partem da vida espiritual com programações estabelecidas, visando pelo processo da reencarnação promover a continuidade da evolução.

"Saiba que afetos e desafetos se reencontram com o escopo de aprimorar as condições morais recapitulando experiências ou aprendendo com novas lições provacionais."

– Pode ocorrer de alguém experienciar algumas jornadas de aprendizado em família que não lhes serão habituais ao reencarnar?

– Claro que sim, André, ou como existiria a fraternidade? Não é da Lei Divina que conquistemos o Amor Universal? Portanto diante da equação do Amor das Leis de Deus, é necessário ampliar os horizontes através de experiências que venham gerar novos conhecimentos, solidificando os nossos laços de família espiritual.

– Família Espiritual? Pude observar que, em alguns lares na Colônia, não temos nos membros que os constituem somente criaturas que vivenciaram habitualmente as experiências no plano físico?

– Realmente, ocorrem essas situações. Na Colônia, é um processo natural, no qual temos a oportunidade de desenvolver o amor fora dos limites de nosso grupo familiar mais afim. Por várias circunstâncias o "novo" habitante da Colônia não pode reencontrar de imediato o seus mais afins, contudo, corações valorosos em perfeita compreensão abrem a porta de seus lares para o apoio imprescindível a quantos assim necessitem. Conquistado o clima de confiança e respeito, é comum que se façam os convites para estreitar os laços de fraternidade a se substancializarem no convívio no mesmo espaço de um Lar. O nosso secretário-geral é exemplo vivo do que falamos. Sem dúvida ele convive com os corações que lhe são tesouros abençoados, mas o seu Lar é um ninho de fraternidade por recepcionar corações carentes de seu devotamento. Aqui chamamos amorosamente de Adoção Espiritual. Não olvidemos que aqui nos encontramos com familiares de outras existências, mas que não estiveram conosco na última experiência no mundo físico.

"Estabelecendo contato com eles, sentimos irresistível afinidade, sem compreender de pronto a origem de intenso sentimento."

Estava vislumbrado com a exposição de Cenira, enquanto Francis e vovô me acompanhavam com atenção no diálogo instrutivo que participava.

Agora compreendia por que não encontrara todos os familiares integrados na casa de Vovô Antônio.

Como a ler o meu pensamento, Cenira observou atenciosa:

– André, lembremos que temos o livre-arbítrio, assim sendo, muitos corações devem e precisam experiênciar as ligações afetivas que acham importantes para a sua senda de paz e felicidade.

"Aprendamos a amar sem prender ninguém. Servir sem esperar gratidão.

"Como o amor nos concita a abrir as portas de nosso Lar na Colônia para criaturas que necessitam de atenção e desvelo, temos que ter a sensatez de liberar os que desejam viajar por outros ares de experiência!"

Fiquei imaginando qual seria a minha situação caso chegasse na Colônia e não encontrasse o ombro do vovô Antônio.

Percebi que Cenira e Francis se entreolharam, e sentindo o meu pensamento angustioso, Cenira se apressou em dizer:

– André, não se deixe inquietar com este seu pensamento, acaso um pássaro está sem ninho no Universo de Deus?

"O Nosso Pai seria tão pobre de descuidar de algum de Seus filhos? O andarilho que percorre as ruas geladas das cidades pelo mundo, ao anoitecer encosta-se em um banco para pernoitar, sem ter um lar para retornar, não está esquecido pelo Pai. Ele, como o rico que dorme em uma mansão, meu filho, é muito importante para Deus. O andarilho, que muitas vezes disputa com o cão uma fatia de pão, está sob o olhar amoroso de Deus.

"Se teu vozinho não pudesse estar contigo por várias circunstâncias, não tenha dúvida, eu te receberia neste Lar, como sendo o meu filho!"

Ante a conclusão de Cenira, foi impossível controlar as lágrimas que nadavam em meu rosto.

Em um impulso natural de emoção, acorri até Cenira e chorei copiosamente em seus ombros.

20

RELIGIÃO E FILOSOFIA

Que se deve entender por lei natural?

"A lei natural é a lei de Deus. É a única verdadeira para a felicidade do homem. Indica-lhe o que deve fazer ou deixar de fazer e ele só é infeliz quando dela se afasta."

(*O Livro dos Espíritos* – Questão 614)

A todos os homens facultou Deus os meios de conhecerem sua lei?

"Todos podem conhecê-la, mas nem todos a compreendem. Os homens de bem e os que se decidem a investigá-la são os que melhor a compreendem. Todos, entretanto, a compreenderão um dia, porquanto forçoso é que o progresso se efetue."

(*O Livro dos Espíritos* – Questão 619)

Refeito das emoções vivenciadas junto à delicadeza maternal de Cenira, enxuguei as últimas lágrimas que vertiam de meus olhos.

Vovô Antônio, também, não conseguiu controlar as emoções. Seu olhar era a expressão pura de gratidão pelo desvelo sincero com que Cenira me acolhia.

Francis lançava um olhar para nós três com os olhos brilhando de júbilo pelo entrosamento que pouco a pouco íamos desfrutando à mercê da benevolência divina.

No panorama que vivia, meu preito de gratidão para com o Criador expandia de meus sentimentos por ter colocado em minha senda corações valorosos e amigos.

As elucidações precisas de Cenira convidavam-me a uma reflexão posterior, o que faria sem dúvida, quando chegasse em casa acomodando-me para o sono reparador.

Nas movimentações que realizava pelas ruas da Colônia, cada dia mais adaptado ao ambiente de espiritualidade, pude notar um templo de enormes proporções, situado na área central da Colônia.

Em sua entrada, com letras iluminadas, que se intensificavam quando a noite surgia, o templo estava identificado com o nome: Instituto de Espiritualidade.

Foi lembrando do delicado e imenso recinto, ladeado por árvores, plantas e flores de variadas espécies, a maioria não apresentando semelhança com as existentes no mundo físico, que quebrei o silêncio, perguntando curioso a Cenira:

– Cenira, continuando as minhas interrogações, como se estabelece a organização religiosa na Colônia?

Cenira, com a alegria de servir e ajudar, esclareceu bondosa:

– André, antes seria oportuno emitirmos algumas considerações gerais em torno da religião.

"Desde que o homem alcançou o ápice de sua consciência no ambiente das experiências necessárias no mundo físico, ainda em seu primarismo, ao divisar os olhos para o céu, contemplar as estrelas no zimbório, tocar as águas, sentindo-as nas mãos ou no corpo, ele iniciou o seu processo de contato com Deus, nascendo, desta forma, o seu processo de religiosidade.

"À medida que foi conquistando sentimentos e pensamentos mais elaborados, suas expressões e seus hábitos diante da natureza e da vida ganham coloridos de gratidão à vida e ao Supremo Criador.

"Sem a intenção de trazer considerações detalhadas da história da religião no Mundo, em linhas gerais citaria a Trilogia Chinesa, fundamentada nas obras de Fo-Hi, Lao-Tsé e Confúcio; a Trilogia Hindu formado pelo Vedismo, Bramanismo e Budismo, este último espalhado pelo Oriente, Japão e China; o Judaísmo, representado pela saga de Abraão com o povo hebreu; e o Cristianismo, fundamentado nas lições atemporais de vida plena de nosso Mestre e Senhor Jesus. Na Filosofia, mencionaremos o nascedouro em Sócrates e seu discípulo Platão.

"André, caso seja sua intenção se aprofundar sobre a origem das religiões, a Biblioteca lhe atenderá perfeitamente os anseios.

"Assim descrevo para compreendermos que o homem, através das civilizações, segundo suas condições de análise e conhecimento, erigiu as religiões como ponte de ligação com o Criador.

"As religiões no mundo são parcelas da verdade, refletindo cada uma, em seu estágio evolutivo, os raios do conhecimento de que são detentoras.

"Quando se estabelecem as cizânias entre elas, evidencia-se ainda a imaturidade espiritual do homem.

"Contudo, os atritos se inserem no processo de aprendizado, apagando-se pouco a pouco as consequências infelizes pelo avanço moral do entendimento pleno do amor.

"Não só a Ciência e a Filosofia evoluem no mundo, a religião também evoluirá no sentido de afastar os muros divisórios oriundos da prepotência e do orgulho."

Cenira permitia-nos ter uma noção clara, mesmo que resumidamente, oferecendo nova visão sobre variados temas. Prosseguiu a grande amiga no mesmo tom de docilidade:

– Expostas essas singelas considerações, chegam aqui na Colônia corações partícipes de várias religiões.

"Cada um detentor de sua realidade interpretativa, mas para nosso entendimento, imaginemos uma sala com várias janelas.

"Ao redor da sala, externamente, se apresentam expressões vivas da natureza.

"Se colocarmos em cada janela uma pessoa, sem dúvida ela fará a sua interpretação e descrição da natureza de acordo com o ângulo em que está localizada, entretanto, se todas as pessoas que estão no interior da sala vão para fora, circulando externamente ao redor da sala, todos terão a visão integral da realidade que envolve o cômodo.

"Cada um, terá que efetuar a atualização de sua visão e estabelecer novos conceitos diante da realidade indiscutível que se apresenta.

"Aproveitemos a composição figurada, trazendo-a para a nossa realidade.

"As religiões são janelas que permitem divisar as belezas das Leis Divinas, cada qual no seu ângulo de entendimento, entretanto, quando os olhos físicos cerram-se, ocorrendo a morte física, o ser indestrutível depara-se com a nova realidade, na qual se pode divisar as Leis Divinas em sua integralidade, sem os limites de dogmas e crenças, muito respeitáveis na órbita do mundo.

"Diante da nova realidade, cada coração que aqui se apresenta carecerá de atualizar suas informações diante dos fatos insofismáveis que a Lei de Deus se expressa."

Como não admirar Cenira com suas exposições?

Sua didática nos permitia compreender perfeitamente suas elucidações.

Continuando, arrematei outra pergunta:

– Cientes de que cada qual estava vinculado a uma denominação religiosa, como se estabelece o relacionamento na Colônia?

– Todas as expressões religiosas são respeitadas na Colônia, preservando os círculos de afinidades construídos no mundo físico.

"Conquanto as diferenciações de exegeses religiosas, atendendo processo natural, cada coração receberá as orientações referente às Leis Naturais que regem a vida das criaturas sob a Direção do Amor e da Justiça de Deus.

"A Colônia conta com servidores dedicados para este mister, onde corações que exerceram atividades religiosas no mundo físico, agora cientes dos processos naturais das Leis de Deus se prontificam a disseminar as novas claridades aos novos moradores da Colônia, recém-chegados da vida física, no seu tempo oportuno, atendendo às necessidades de cada um."

Sentia-me à vontade ao lado de Cenira, e ansioso por mais informações, aduzi:

– Diante de algum coração que se faz irredutível, mantendo sua linha de pensamento religioso vivenciado nas experiências humanas, como é tratada essa questão?

Cenira, fraternalmente, expôs:

– A Lei de Amor, André, jamais operará em clima de imposições.

"A caridade deve ser ação constante em nossa relação com os outros.

"Quando encontramos criaturas fixas em sua posição de fé, deixamos que a bênção do tempo as convide à modificação, conquistando nova compreensão, pela naturalidade da convivência no ambiente da Colônia.

"Não faltarão a eles circunstâncias que os compelirão a uma reciclagem, compreendendo que as Leis Naturais que promanam na Vida Universal não desvalidam seus arroubos de fé, apenas aformoseiam seus conceitos com belas expressões das Leis de Deus.

"O ambiente em nossa Colônia não dá azo para manifestações de fanatismo de quem quer que seja."

Percebi que, neste instante da exposição, os olhos de Cenira pareceriam divisar outras paragens.

– Não podemos esquecer, André, que Jesus o Mestre de nossas vidas deixou-nos informados sobre a questão da integralidade religiosa da criatura com Deus. Esta lição preciosa está inserta no encontro da mulher samaritana com Jesus no poço de Jacó. Foi anotado por João Evangelista, no capítulo 4 dos versículos 1 ao 42.

"Jesus diz a mulher samaritana que dia ocorreria em que Deus não seria adorado no monte em que estavam e nem em Jerusalém, mas que os verdadeiros adoradores adorarão Deus em espírito e verdade.

"Jesus assim estabelece a Religião Universal, sem as amarras dos muros delimitadores.

"Observa o Grande Educador de nossas almas que Deus é espírito e em espírito e verdade o homem deve O adorar."

Quando compulsei o livro que registra a história da Colônia, observei na ilustração pertinente ao Instituto de Espiritualidade, à sua estrutura arquitetônica.

Era constituído de um salão central, de grandes dimensões, com várias portas a ladearam as duas paredes laterais. Janelas amplas. Bancos graciosos compunham o interior do salão. O salão era ornamentado com graciosas flores e plantas.

Uma tribuna singelamente edificada em madeiro expressivo representava o ponto diretivo das reuniões, que ali se processavam. No alto, um telão expressivo deveria ser acionado por avançados processos de tecnologia.

O salão central era ladeado em sua estrutura por corredores, com mesas e bancos acolhedores.

Dos corredores, paralelamente através de várias portas com detalhes graciosos na sua base, esculpidos por algum notável artista, tinha-se acesso a salas amplas, compostas por mobílias acolhedoras, cadeiras e mesas.

Todas as salas eram compostas de telões e acessórios tecnológicos.

Captando minha viagem mental, estimulada pelo que encontrei no livro de registros da história da Colônia, Cenira findou suas seguras informações:

– André, o Instituto de Espiritualidade está vinculado à Administração Central da Colônia.

"Atende os requisitos preconizados por Jesus à mulher samaritana.

"O resultado dos servidores de todas as religiões que professaram na última existência no mundo físico, agora harmonizados com as Leis Naturais de Deus, foi congregar todos os moradores da Colônia em perfeita harmonia e confraternização sem os atritos gerados pela segmentação religiosa que por enquanto ocorre na relação da vida entre os homens.

"É muito claro para os moradores conscientes na Colônia de que se a Ciência pesquisa e desvenda as Leis de Deus, se a Filosofia indaga e esclarece as Leis de Deus, a Religião é a Luz sublime que ilumina os sentimentos de todos os filhos de Deus.

"Religião em essência é nossa espiritualidade perante a vida, agindo dia a dia na relação de uns para com os outros segundo o amor que Jesus nos ensinou e vivenciou."

21

NO INSTITUTO DE ESPIRITUALIDADE

De que maneira pode o Espiritismo contribuir para o progresso?

"Destruindo o materialismo, que é uma das chagas da sociedade, ele faz que os homens compreendam onde se encontram seus verdadeiros interesses. Deixando a vida futura de estar velada pela dúvida, o homem perceberá melhor que, por meio do presente, lhe é dado preparar o seu futuro. Abolindo os prejuízos de seitas, castas e cores, ensina aos homens a grande solidariedade que os há de unir como irmãos."

(*O Livro dos Espíritos* – Questão 799)

Passado alguns dias, logo ao amanhecer, vovô Antônio comunicou-me que estaria livre, assim poderíamos programar alguma atividade juntos.

– André, meu filho – falou ternamente vovô, gostaria de conhecer o Instituto de Espiritualidade?

Surpreso pelo convite, não me detive no júbilo que decerto meus olhos expressaram.

– Sem dúvida, vovô, terei o imenso prazer de conhecer valorosa Instituição. Ao passar defronte ao local, particularmente, tenho sensações de paz, trazendo-me emoções indescritíveis.

– Não só você, André – concordou aquele que me era companheiro precioso -, O Instituto é um manancial de intensas vibrações superiores, irradiando serenidade por toda a Colônia.

"Aproveitaremos a visita e participaremos de providencial palestra.

"O nosso amigo, Santos, companheiro respeitado em nossa Colônia será o expositor de hoje."

Entusiasmado com o convite surpresa, demandamos rumo ao Instituto.

Há muitos anos residente na Colônia, vovô havia conquistado muitas amizades; por onde passávamos, era comum os transeuntes acenarem para nós, identificando nominalmente vovô.

Certa altura de nossa caminhada, vovô observou:

– André, dias atrás você comentou a respeito das informações recebidas na Colônia como, por exemplo, a questão da Reencarnação, da Comunicação entre os dois planos da vida...

– Sim, lembro-me, vovô! O teor de minha colocação era porque os homens no mundo físico não detinham essas informações. Pelo menos no ambiente que eu frequentava com os amigos, esse assunto era pouco comentado e, quando mencionado era tratado de forma superficial.

– Pois bem, nosso amigo Santos abordará esta questão. Acredito, que você terá outra visão.

Não se preocupe, muitos corações recém-chegados a esta Colônia têm a mesma impressão que a sua.

A movimentação era intensa ao redor do Instituto.

Adentramos o encantador ambiente, que respirava Espiritualidade; corações saudavam-se em fraternos abraços.

Logo à entrada, extensos jardins ornamentados com árvores delicadas e flores recepcionavam a todos.

Bancos singelos, mas bem distribuídos aguardavam a presença dos habitantes da Colônia que permutariam suas experiências.

Ouvia-se a canção das fontes que circundavam todo o Instituto, abrigando junto aos galhos que se estendiam de árvores pequenas, pássaros que pulavam felizes e chilreavam divinamente.

Avançamos no interior do Instituto, divisei extensa porta, dando acesso a um salão de grandes proporções, abrigando muitos corações sequiosos de ouvirem o expositor Santos.

Ladeando o salão central, um corredor dava acesso a outros vários salões. O corredor era constituído de bancos alternando com pequenas mesas e várias plantas colocadas nas paredes, sensibilizando nosso olhar.

Na área norte do Instituto, apresentou-nos outro salão com disposições delicadíssimas, sem que pudéssemos naquele momento ter acesso, mas soube depois que o ambiente era favorável a recepcionar outros habitantes de esferas superiores à Colônia.

Acomodamo-nos em clima de paz, aguardando o momento da exposição de Santos.

Melodias suaves tocavam nossa alma, transportando os nossos pensamentos às ideias de Espiritualidade.

À nossa frente, uma tribuna simples, recebia alguns corações que administrariam o evento.

Atrás da tribuna, uma tela imensa apresentava delicados aspectos da natureza.

Soube que o evento seria transmitido para toda a Colônia, processo habitual naquela morada.

Uma figura expressiva acercou-se da tribuna, cumprimentando a todos com largo sorriso.

Sua complexão era de um homem alto, forte e alegre. Comentários anteriores diziam da sensibilidade de Santos, detentor de grande patrimônio intelectual.

No mundo físico exerceu tarefas de beneficência em nome do amor e da caridade nas fileiras do Espiritismo, mas quem o conheceu pôde presenciar fatos naturais de fraternidade, não colocando obstáculos a quem professasse outra posição religiosa.

Após considerações gerais, Santos, com expressividade, iniciou a sua fala sob a observação atenta de todos os presentes:

– Amigos! Jesus nos conforte os corações e nos envolva em sua divina proteção.

"O tema que iremos abordar neste dia denominamos como O Consolador.

"Baseia-se na assertiva de Jesus, na qual o Mestre promete à humanidade que enviaria O Consolador, pedido que Ele faria ao nosso Pai.

"Por isso, peço licença para efetuar a leitura do texto que está em João, capítulo 14, versículos 15 a 17 e 26."

Abrindo um livro com encadernação dourada que reluzia, Santos leu com ênfase, voz marcante e vibrante:

– "Se me amardes, guardareis os meus mandamentos; e eu rogarei ao Pai e Ele vos enviará outro Consolador, a fim de que fique eternamente convosco: – O Espírito da Verdade, que o mundo não pode receber, porque o não vê nem o conhece; mas, quanto a vós, conhecê-lo-eis, porque ficará convosco e estará em vós. Porém, o Consolador, que é o Santo

Espírito, que meu Pai enviará em meu nome, vos ensinará todas as coisas e vos fará recordar tudo o que vos tenho dito."

Os olhos de Santos brilhavam assinalados por sutis lágrimas à medida que avançava na leitura do texto do evangelista João.

Recompondo-se da emoção, Santos prosseguiu em sua exposição:

– Jesus, podemos observar ainda em João, no capítulo 16, no versículo 12, que Ele teria muitas coisas a dizer, mas que os discípulos naquele momento não suportariam.

"Se Jesus, Ele mesmo não pode avançar em esclarecimentos a respeito de outras lições, é porque o homem naquele momento não estava devidamente amadurecido intelectual e psicologicamente para compreender o panorama real de outras realidades das Leis Naturais de Deus.

"Se Jesus nos ensinou a necessidade do amor de uns para com os outros, estabelecendo a humildade, o perdão, a pacificação, a indulgência e a caridade como bases da Boa Nova que nos entregou, Ele recebeu o prêmio hediondo da crucificação, qual seria a reação dos homens naquela época se o Mestre aprofundasse as questões sobre Deus, Imortalidade da Alma, Comunicação entre o Mundo Físico e o Mundo Espiritual, a Reencarnação, a Habitação nos outros mundos que pululam no Universo infinito? Se Ele curou no sábado, infringindo a lei dos judeus, que não permitiam o labor no sábado, não foi compreendido, quais condições mentais que ofereciam os homens da época para entender questões que careciam do desenvolvimento da ciência e da filosofia?

"Assim, caberia ao tempo estabelecer o clima ideal para

a chegada do Consolador, com o desenvolvimento de análise do homem na área da Ciência.

"É preciso que se diga, amigos, que Jesus mencionou sobre os temas abordados por mim acima, mas de forma concisa, deixando as bases para posterior desenvolvimento que ocorreria com a luz dos esclarecimentos do Consolador.

"Quando o homem do século XIX encontrava-se em grave momento, facultando a intensificação do materialismo, porque, a partir do período do Iluminismo, a liberdade de pensamento foi se desvinculando das imposições dogmáticas da religião, Jesus envia O Consolador Prometido, que no passado longínquo o homem não conseguiria acolher, como Ele assim observou.

"Precisamos anotar que o materialismo é o pai de todas as paixões e todos os descaminhos do homem no mundo físico.

"Acreditando ser a vida um momento que passa ligeiro, configurando a morte como o endereço para o nada, o homem se compraz egoisticamente, engendrando as mais deploráveis ações de desamor, violência e vícios.

"Era um momento crítico, mas o mundo receberia no dia 3 de outubro de 1804 um missionário de Jesus que se chamaria Hippolyte Léon Denizard Rivail, nascido em Lyon na França.

"Foi em Yverdon, na Suíça, que o menino Rivail construiu sua formação intelectual. A metodologia de ensino era aplicada por Pestalozzi, que revolucionou o ensino da época.

"O menino Rivail demonstrava sua imensa capacidade intelectiva e seu acendrado posicionamento moral, angariando o respeito de Pestalozzi, que o conduziu a ministrar aulas no Instituto.

"Concluída a sua formação acadêmica, desloca-se para Paris, onde se tornou emérito educador, respeitado em toda a França e Europa.

"Nos círculos científicos, também, era respeitadíssimo.

"Um fenômeno inusitado passou a percorrer os ambientes da América do Norte e Europa.

"Mesas saltavam, mesas movimentam-se, mesas dançavam, mesas batiam. O que seriam? Para alguns eram o resultado do charlatanismo. Para outros eram a ação dos Espíritos, anunciando efetivamente que a morte não é o fim.

"Professor Rivail é informado dos fenômenos, pelos seus amigos, Carlotti e Fortier. A priori, os fenômenos poderiam ser atribuídos a uma das forças da natureza, necessitando de pesquisa.

"Quando deparou com o fenômeno, convencido a assistir às reuniões em grupos de pessoas respeitáveis, entreviu no fenômeno uma ação inteligente, porquanto o fenômeno em si apontava para esta constatação.

"Sem preconceber sistemas explicativos em torno do fenômeno, utilizando-se o método de observação, através de rígido controle, após incansável pesquisa, pode convencer-se de que as ações físicas sobre a matéria eram produzidas pelos Espíritos.

"De forma organizada e intensa, o mundo espiritual, ao qual hoje estamos domiciliados, conduzido por nobres Mensageiros de Jesus, criou o cenário no mundo físico para que o Professor Rivail, como missionário de Jesus, substancializasse O Consolador.

“Assim, Professor Rivail organizou em conjunto com o Espírito de Verdade e outros Mensageiros a Doutrina dos Espíritos.

“No dia 18 de abril de 1857, em Paris, no Palais Royal, Galeria de Orléans, surge para a humanidade *O Livro dos Espíritos,* na condição de O Consolador Prometido de Jesus, que não veio destruir as religiões, mas ser o apoio delas para que a crença não seja o túmulo das dúvidas, mas que a imortalidade com suas consequências morais seja o alicerce definitivo da compreensão humana, onde não paire qualquer dúvida no homem quanto ao seu destino de ser imortal em direção ao encontro com Deus.

“Nasce para o mundo o organizador fiel e dedicado, Allan Kardec.

“Kardec poderá afirmar que “O Espiritismo é, pois, o mais poderoso auxiliar da religião”, conforme a *Revista Espírita* em sua edição de abril de 1859.

“Em breves considerações, nós, que estamos no Mundo Espiritual, arrimados nesta abençoada Colônia, devemos preencher o coração de concretas esperanças diante do mundo físico, que nos espera no retorno necessário, onde estão os nossos laços familiares, a quem consagramos intenso carinho.

“Jesus asseverou que não nos deixaria órfãos, assim confiemos que passo a passo a humanidade será abastecida das informações que O Consolador materializou no mundo sob os auspícios de Jesus, sedimentado nos pilares que o caracterizam: Ciência, Filosofia e Religião.

“O Espiritismo assenta-se nas Leis Naturais da Vida que são as expressões do Amor de Deus.”

Confortados com as palavras firmes e seguras de Santos, um fenômeno não presenciado até o momento por mim, produziu-se em todo o Instituto: pétalas em tom suave de rosa desciam sobre nós, inundando o ambiente em perfumes de teor espiritual.

Não contive as lágrimas, exultando com a magnificência de Deus.

22

NO TEATRO

Qual o verdadeiro sentido da palavra caridade, como a entendia Jesus?

"Benevolência para com todos, indulgência para as imperfeições dos outros, perdão das ofensas."

(*O Livro dos Espíritos* – Questão 886)

O amor e a caridade são o complemento da lei de justiça, pois amar o próximo é fazer-lhe todo o bem que nos seja possível e que desejáramos nos fosse feito. Tal o sentido destas palavras de Jesus: *Amai-vos uns aos outros como irmãos.*

(Allan Kardec)

Comparecia ao Instituto de Espiritualidade à maneira de aprendiz da vida. A cada momento na Colônia, as surpresas agradáveis surgiam facultando-me bem-estar.

A criação Divina nos transporta a verdadeiras emoções. Aquelas pétalas diluindo em nós à medida que nos tocavam parecia-me um sonho, desejando que não terminasse mais.

Terminada a sua exposição, uma fila se formou para cumprimentar e saudar Santos.

Esperávamos nosso momento de agradecer a Santos, permutando ideias em torno do conteúdo que fora abordado com simplicidade e claridade.

À medida que nos aproximávamos, mais detidamente observava os traços encantadores do expositor Santos, um homem que distribuía vibrações intensas.

Quando me posicionei defronte a Santos, ele abriu os longos braços, acolhendo-me efusivamente, beijando-me o rosto delicadamente. Suas mãos grandes tocaram o ombro de vovô Antônio, dizendo-lhe:

– Meu amigo Antônio, este é o seu neto André?

– Sim, Santos, é o meu querido neto, o qual comentei em nosso último encontro.

Santos, então, disparou, fixando seus olhos nos meus:

– Não tenho dúvida, André, você será um devotado trabalhador desta Colônia.

Agradeci o desvelo recebido, sentindo-me ainda na condição de uma criança que precisa dedicar-se ao estudo e ao trabalho.

Despedimo-nos, calorosamente, abraçando outros amigos.

Impossível descrever e relatar todas as particularidades existentes no Instituto, contudo era impossível não assimilar as vibrações que vertiam incessantes do ambiente, que nos recepcionava com amor.

No caminho, rumo à nossa casa, tanto eu como vovô Antônio, mantivemos silêncio, absorvendo as dádivas recebidas.

Acolhidos em casa, vovô comentou:

– André, posso imaginar quantas bênçãos estão envolvendo seu coração, diante do presenciado neste dia.

"Prepare-se, meu filho, à noite teremos outro compromisso, vamos ao teatro, assistiremos a uma peça produzida pelo Departamento da Cultura."

Mais uma vez, não contive a alegria, aproximei de vovô Antônio e beijei-o carinhosamente, dizendo-lhe:

– Vovô, você é demais, não sei como poderei retribuir o imenso bem que você me oferece.

O crepúsculo surgia poético na Colônia, e logo as estrelas cintilariam no palco do céu, como se Deus estivesse piscando graciosamente para nós.

A estrutura do teatro havia me impressionado; ansioso, esperava o momento da apresentação.

Chegamos até as dependências do Departamento de Cultura, que regurgitava de pessoas advindas de vários pontos da Colônia.

Na área inicial onde se encontrava o Teatro, observei uma placa iluminada em arquitetura delicada, chamando-nos a atenção para o título da peça a ser apresentada: O ANDARILHO DO BEM.

Realizamos a identificação necessária na entrada, passando ao interior do teatro.

Assentamo-nos no local que estava reservado segundo os controles administrativos do teatro.

À nossa frente, estava o palco, iluminado e estruturado com os recursos necessários para a apresentação.

O silêncio dominou o ambiente repleto de corações felizes pelo momento, porque se daria o início da peça.

A narrativa que trago, sem dúvida, é resumida, trazendo ao leitor amigo os pontos que compreendi como essenciais para o modesto trabalho que apresentamos.

Abriram-se as cortinas, um som de ventania suave, destacou-se, o cenário apresentava-se como uma rua sob o manto da noite.

De repente, um homem apresentou-se caminhando, trazendo nos ombros uma mochila desgastada pelo tempo. Caracterizava-se por um morador em situação de rua, sofrido pelas intempéries.

Achegou-se a um banco de uma praça, segundo a constituição do cenário. Deitou-se no banco, descansando a cabeça sobre a mochila.

Por um processo técnico que desconheço, passados alguns minutos, o dia clareou, deixando o cenário belo e expressivo, com a movimentação de várias pessoas que buscavam seus destinos.

O personagem, antes deitado, estava agora sentado, lendo um livro, quando foi interrompido por uma voz estridente:

– Andarilho, você está aqui hoje em nossa cidade, que bom, como precisava falar com você!

O Andarilho, acostumado a ser interpelado, estendeu os olhos serenos, expressando alegria, e colocando uma das mãos na base do banco, respondeu:

– Meu amigo, não perca seu tempo, achegue-se aqui, sente-se ao meu lado, no que posso lhe ser útil?

O homem de feição madura não se fez de rogado, sentando-se ao lado do Andarilho.

Passou a narrar seu drama em família. Havia constituído uma empresa com seu irmão mais jovem.

A rotina na empresa seguia na normalidade, quando foi chamado pelo contador que lhe apresentou desvios sementados pelo irmão mais jovem.

Com isso a empresa estava na ruína; a partir dessa constatação, criou-se um ambiente de hostilidade no seio da própria família. Usando artifícios vis, o irmão jovem computou ao personagem que entabulava o diálogo com o andarilho as mais deploráveis calúnias.

O clima ficou insustentável chegando ao ponto, de o personagem, que descrevia os detalhes ao Andarilho, carecer sair do próprio lar, buscando outros ares.

Passaram-se os anos, cada qual seguiu seu rumo, mas chegou a notícia de que o irmão mais jovem estava doente gravemente e pedia a presença do irmão que narrava seu caso ao Andarilho.

Concluiu o homem maduro, junto ao Andarilho que acompanhava a narrativa com atenção:

– Amigo Andarilho, o que faço? O meu coração ainda está repleto de ressentimentos, mágoas. Mas encontro-me em conflitos imensos, ele acima de tudo é meu irmão!

Aquele homem de expressão simples rompeu seu silêncio, e, em tom suave, expôs:

– Amigo! Veja que seu conflito interior denota como seu coração, apesar de machucado e com feridas abertas, é um hino de bondade. Ah! Amigo, tenho visto pelas minhas viagens, que o destino me chamou, tantas situações iguais a sua. Tenho encontrado corações que mais parecem uma pedra de egoísmo e asselvajamento. Pessoas endurecidas, como se não tivessem praticado algum erro. Como se não pudessem cometer no futuro os mesmos erros dos outros. Estes corações quanto precisarão talhar a alma pelos materiais da dor e da desilusão? Seu coração, amigo, está aberto para o belo, para o bem. Seu conflito diante do fato que se apresenta é o impulso que a vida vem lhe propiciando, à maneira de uma chave que lhe permite desvincular-se de sua prisão.

“A mágoa e o ressentimento são uma cela que criamos para a nossa consciência. Há prisões físicas, como instâncias educativas, mas vejo tantas pessoas que se dizem livres, mas que estão soterradas na terra do passado. Não caminham. Arrastam-se.

“Perdoe, meu amigo, perdoe. O perdão é a chave de sua paz. Lembre-se de que o remorso de quem se equivocou é um peso de difícil solução, exigindo do autor do mal, a reparação consigo mesmo. Não queira, amigo, verter o pranto expressando a escuridão do remorso.

“Amanhã será você a solicitar perdão por algum erro cometido, não é mesmo?”

Meus olhos não piscavam. Quanta sublimidade havia nas colocações do Andarilho. Escutava o soluço de muitos corações presentes.

O homem maduro, que desabafava ao Andarilho, ouvia em lágrimas, sensibilizado.

Continuou o Andarilho do Bem:

– Aceite o pedido de perdão que parte de seu irmão jovem. Ele deve estar em seus últimos instantes no mundo. Quiçá, a doença que acomete seu irmão seja o escoador de imensas mazelas que ele tenha praticado no decurso de sua existência.

“Lembre-se, a mágoa e o ressentimento que guardamos no recesso da alma, são agressões que impomos às nossas células. Elas são abençoadas estações na engrenagem da vida, laborando em nosso favor.

“Ah! Eu sinto que no fundo você deseja correr até o seu irmão e lhe estender a mão. Portanto, não ouça o alvitre enganoso de seu orgulho. Não ouça os alvitres de outros corações incitando-o a ser insensível, asseverando que perdão é fraqueza.

"Não, absolutamente, não, meu amigo, ao contrário, o perdão é a maior prova que oferecemos a nós mesmos de que somos fortes, porque o maior vencedor na vida não é o que alça troféus de glórias transitórias, mas, sim, aquele que conseguiu vencer a si mesmo, conquistando a sabedoria e o amor.

"Aproveite, e abrace os outros familiares que, decerto, devem compreender o quanto foram injustos com você.

"Amigo, permita que a caridade do seu perdão e de sua indulgência propicie condições para que seu irmão viaje para o País da Imortalidade com mais paz na consciência!"

Aquele homem maduro colocou as mãos sobre o rosto, convencido de que a vida tinha lhe ensejado o instante precioso e impostergável de reconciliação.

– Gratidão! Gratidão, Andarilho! Você realmente é uma luz em nossas vidas; vou até meu irmão, ofertando-lhe o meu coração sincero de perdão, porque desejo, também, viver em paz, partindo deste mundo em paz!

Assim, os cenários foram se transformando segundo as narrativas de outros personagens.

O ANDARILHO DO BEM, de cidade em cidade, esparzia consolo e esclarecimento, estendendo paz e auxílio aos moradores na cidade em que ele, por um determinado tempo, ficava.

Todos o amavam, era extremamente respeitado.

Certo dia, chega a triste notícia de que o ANDARILHO DO BEM havia falecido. Em um belo dia, uma pessoa aflita ao se deparar com o Andarilho na praça, chamou-o, mas não obteve resposta ou notou reações.

O Andarilho havia deixado o mundo dos homens.

Ao compulsarem a sua mochila, no interior estava o livro da Boa Notícia, conhecido no mundo físico como a Bíblia.

O cenário final da apresentação teatral, através de efeitos fantásticos, representou o desprendimento do corpo espiritual do Andarilho do corpo físico, que se configurava inerte em um banco.

Lúcido, o Andarilho do Bem volitava, uma luz se abriu e uma mão divina o acolheu ternamente.

Agora, o Andarilho do Bem desfrutaria das benesses espirituais, tendo em vista que os talentos que recebeu se multiplicaram ao infinito em suas mãos.

As cortinas se fecharam, e a plateia, emocionada, aplaudiu de pé a apresentação.

Os artistas em seguida retornaram ao palco, agradecendo a presença de cada coração, esperando que a mensagem da apresentação auxiliasse cada um de nós em seus desafios evolutivos.

O escopo primordial das apresentações era tratar de temas da vida, retratando as dificuldades dos moradores da Colônia, cooperando para que refletissem, tomando decisões consentâneas com a Lei do Amor.

23

NO POSTO DE ATENDIMENTO

A perturbação que se segue à separação da alma e do corpo é do mesmo grau e da mesma duração para todos os Espíritos?

"Não; depende da elevação de cada um. Aquele que já está purificado, se reconhece quase imediatamente, pois que se libertou da matéria antes que cessasse a vida do corpo, enquanto que o homem carnal, aquele cuja consciência ainda não está pura, guarda por muito mais tempo a impressão da matéria."

(*O Livro dos Espíritos* – Questão 164)

Decorridas algumas semanas, nosso amigo Francis trouxe-me uma grande notícia.

O Departamento de Assistência Espiritual havia autorizado a minha incursão nas dependências do Posto de Atendimento, assessorado pela Equipe de Assistência, na condição de aprendiz.

As atividades consagradas ao Departamento de Assistência Espiritual alcançavam ressonância em meus anseios de auxiliar.

Soube que havia uma integração perfeita entre o Departamento de Assistência Espiritual e o Departamento de Comunicação nas ações junto ao Posto de Atendimento.

Na Equipe de Assistência contaríamos com alguns integrantes do Departamento de Comunicação.

Ciente da atividade que realizaria, integrei-me a um grupo de participantes, recebendo instruções importantes, entre as quais, adestramento para locomoção da Colônia até a região espiritual onde se situava o Posto de Atendimento, bem como, o panorama que iríamos encontrar no percurso necessário.

O entusiasmo se apossava de meus sentimentos, pois assim, poderia adquirir mais conhecimentos.

Quando ocorreu meu desvinculamento do corpo físico, estive, como me informaram, amparado e acolhido no Posto de Atendimento até receber autorização para adentrar a Colônia.

Neste treinamento necessário, foi explanado a respeito da região do umbral, onde também se situava o Posto de Atendimento.

O Posto de Atendimento em conceitos de dimensões espirituais situava-se em uma região muito densa no umbral.

Ambiente que expressava a condição mental e moral dos que ali se concentravam, resultado de suas ações obscuras no mundo físico, todavia, não estavam desamparados e esquecidos, porquanto se Deus é Justiça, Deus é um Pai Soberano de Misericórdia, a expressão mais Divina do Amor ante os que chafurdam nos erros.

Pelas informações obtidas em nossa preparação no Departamento de Assistência Espiritual, seguiríamos em direção às rotas espirituais seguras.

Fomos tranquilizados quanto a atividade de locomoção que efetuaríamos. Trabalhadores experientes e especializados nos proporcionariam todo o apoio de que necessitávamos.

No dia marcado, pontualmente a Equipe de Assistência coordenada pelo nosso amigo Santos, da qual eu e outros companheiros fazíamos parte na condição de aprendizes, partiu rumo ao Posto de Atendimento.

O Sol resplandecia por toda a Colônia, a brisa refrescante rociava minha face.

Passamos pelo portão de entrada da Colônia, e caminhamos por muito tempo. Nosso coordenador da expedição, o amigo Santos, seguia à nossa frente.

Como fôramos informados, à medida que avançávamos, o ambiente se adensava. Percebi e senti as diferentes vibrações, comparadas com a suavidade da Colônia.

Explicou-nos Santos que o pensamento é uma força poderosa e que o teor de sua expressão determinará a sutilidade ou a densidade asfixiante de sua vibração.

As rotas que palmilhávamos foram delineadas por trabalhadores dedicados da Colônia, possibilitando uma conexão segura com o Posto de Atendimento.

Confabulávamos, trocando impressões. Sem dúvida, sem a presença dos instrutores vinculados aos dois departamentos seria muito difícil nossa locomoção.

Por mecanismos não conhecidos por nós, estagiários da excursão, as vibrações dos instrutores coordenado pelo amigo Santos nos fortaleciam na caminhada.

À medida que caminhávamos, leve neblina surgia empalecendo a luz do Sol que vigorava esplendoroso persistindo em sua missão de dissolver as brumas de qualquer sombra.

Passado um bom tempo, para nossa alegria, pudemos divisar um imenso casarão, protegido por altos muros, ornamentado ao redor por extensa vegetação delicada, amalgamada por flores pequeninas de diversas cores.

O portão abriu-se após a identificação de Santos, que saudou os trabalhadores responsáveis pela segurança do Posto de Atendimento.

O casarão central era o acesso primeiro de todos que chegavam ao Posto de Atendimento, a partir dele, temos o acesso aos grandes e vários pavilhões, onde se encontram os doentes em tratamento.

Equipe extensa de enfermeiros e médicos movimenta-se para todos os lados em atendimento.

Escutávamos o delírio de corações envolvidos em sofrimento, sendo socorridos afavelmente pelos trabalhadores do Posto.

Enquanto os instrutores da Equipe de Assistência dedicavam-se aos seus misteres, nós, os estagiários, fomos deslocados para uma sala que me parecia ser um ambiente especializado para reuniões e palestras.

Seríamos recebidos pelo amigo Alencar, que nos traria oportunas informações.

Acomodamo-nos em poltronas delicadas, não demorou muito um senhor simpático, de fisionomia serena, saudou a todos, desejando-nos paz e bom aproveitamento na experiência que estávamos vivenciando.

Alencar posicionou-se à nossa frente, dando início às suas explicações:

– Meus amigos, estamos em um ambiente que nos convida a refletir sobre a bondade e misericórdia de Deus.

"Após o decesso das forças físicas, o homem depara-se com a sua plena realidade íntima na vida espiritual.

"Jamais fugiremos de nossa consciência.

"Na vida espiritual, seremos o resultado do que semeamos. Na vida física existem as colheitas naturais, refletindo como agimos, e não seria diferente quando nossos olhos físicos cerram-se com a morte biológica.

"Os que viveram no mundo físico na senda do bem usufruirão sem dúvida, das regiões espirituais mais elevadas, ao contrário, os que se deixaram envolver pelas ilusões do imediatismo, com o séquito de seus vícios e de suas imperfeições, não poderão lamentar, ao se depararem com as regiões mais ponderáveis e densas.

"Compreenderão mais cedo, mais tarde, de acordo com suas disposições íntimas, que devem a si mesmos a condição de dor e sofrimento em que se encontram.

"A região umbralina, que envolve e está associada à esfera humana, pela sintonia de pensamentos e emoções constitui-se em uma localidade depurativa e educativa das criaturas que não souberem caminhar segundo as Leis Divinas que promanam em todo o Universo.

"Por mais que nossos olhos divisem as expressões de aflição e desequilíbrios nesta região, nosso coração não deve se inclinar à desesperança.

"Todas as criaturas estão sob o olhar do Criador!

"Suas Leis de Sabedoria e Amor agem em favor de todos os Seus filhos.

"Não há um clamor que se expresse neste Universo que

o Pai não conceda a bênção de Sua Providência, através de Seus Cooperadores Sublimes.

"Os Anjos, que são seres que conquistaram o zênite da perfeição relativa não dormem em sonhos, acotovelados em poltronas celestiais, ouvindo a melodia gloriosa das harpas.

"Encontram-se na imensa engrenagem da vida arrimando os que sofrem de ignorância espiritual, na retaguarda.

"Sem que os nossos olhos espirituais possam perceber, em razão ainda de nossa inferioridade, luzes resplandecentes provindas das esferas sublimes acolhem-nos.

"Em nome do Amor Infinito do Criador, temos a edificação deste Posto de Atendimento auxiliando extensa comunidade de criaturas que chegam do mundo físico em lamentáveis condições espirituais.

"Mais além deste Posto, temos os desesperados, que ainda não puderam criar as condições viáveis de serem acolhidos, tamanho o estado perturbador em que se encontram.

"Por intermédio de dedicados trabalhadores de nossa Colônia Espiritual Novo Amanhecer, especializados em atendimentos desta complexidade, recebem constantemente o auxílio.

"Estes servidores do bem aproximam-se deles, buscam sensibilizá-los a fim de que despertem do acrisolamento perturbador em que se encontram, mas toda construção deve ser nossa, o que significa dizer: os corações empedernidos nas trevas das próprias consciências precisam cientificar-se dos erros cometidos compreendendo que só existe o caminho do amor e do bem."

Mantinha-me atento às palavras de Alencar, identificando ainda mais a sabedoria de nosso Pai Criador, ensejando--nos infinitas condições de reabilitação.

Alencar, sensivelmente inspirado, continuou em torno de tema real de nossas vidas:

– Ninguém mais do que Jesus traçou para a humanidade as características excelsas de Deus.

"Acredito que vocês notaram na sala primeira do casarão o belo e imenso quadro.

"Retrata o retorno do filho pródigo junto ao seu pai.

"O evangelista Lucas, no capítulo 15, versículos de 11 a 32, anota a Parábola do Filho Pródigo, ensinada por Jesus.

"O filho que solicitou ao seu o pai a parte dos recursos que lhe cabia, pois que partiria em busca de outras experiências.

"O pai, sábio e bondoso, concedeu o seu pedido, assim o filho partiu...

"Abusou dos recursos em vícios e paixões, a ponto de eleger a penúria.

"Fatigado dos sofrimentos que engendrou, fruto de suas imperfeições, como diz o texto de Lucas, caiu em si, certificando-se da sandice de suas atitudes, o rumo obscuro que patrocinou para si.

"Caindo em si, buscou retornar para o seio do pai à procura de guarida, proteção e perdão.

"Foi recebido amorosamente pelo pai, que exerceu a compaixão ao recebê-lo, ofertando uma festa pela recuperação do filho que despertou.

"Esta Parábola retrata bem a missão deste Posto de Atendimento, o de receber com compaixão e amor todos os que caíram em si, almejando organizar a existência em modelos superiores de equilíbrio, sintonizando definitivamente com as Leis de Deus.

Precisamos uns dos outros.

"Os trabalhadores deste Posto de Atendimento sabem que, outrora, também careceram de receber o acolhimento e o auxílio nesta abençoada paragem.

"Agora retribuem o que receberam ontem."

Após a recepção de Alencar, acompanhados de trabalhadores do Posto, fomos às visitas nas alas que nos eram permitido acessar.

Por méritos e conquistas espirituais, os assistidos nos pavilhões, ao desencarnarem, foram transladados para o Posto de Atendimento.

Sabemos que outros, em razão de suas condições espirituais desequilibradas acentuadas, ficam ligados às experiências humanas ou nas regiões mais densas do umbral.

Vários procedimentos eram operacionalizados pelos trabalhadores do Posto, desde as ações médicas e de enfermagem, como as de esclarecimento, em que o diálogo fraternal era realizado por servidores dedicados amparando os enfermos despertos.

Cabia-me oferecer o melhor de mim com um sorriso, uma mão amiga, dispensando algumas palavras solidárias, na visita que efetuei aos enfermos acolhidos nos pavilhões.

O quadro mencionado por Alencar, retratando a Parábola do Filho Pródigo, colocado à entrada do casarão, persistia em minha tela mental.

Ele foi criado por um morador da Colônia vinculado às atividades do Departamento de Cultura; pelo relato de Alencar, se trata de um coração que claudicou nas experiências humanas, comprometendo-se gravemente. Quando caiu em si, após anos de dor no umbral mais denso, recebeu assistência no Posto intercedida por suas vítimas na vida física.

Olhando novamente para o quadro, conclui: quantas vezes eu deveria ter sido o filho pródigo em minhas várias existências, carecendo da compaixão dos outros que, por certo, tanto me amaram.

24

REENCONTROS

Deixando seus despojos mortais, a alma vê imediatamente os parentes e amigos que a precederam no mundo dos Espíritos?

"Imediatamente, ainda aqui, não é o termo próprio. Como já dissemos, é-lhe necessário algum tempo para que ela se reconheça a si mesma e alije o véu material."

(*O Livro dos Espíritos* – Questão 286)

Retornamos felizes com destino à Colônia; o dever retamente cumprido nos proporciona paz na consciência. Os integrantes de nossa equipe permutavam impressões, cada participante expondo as suas observações e experiências no contato com os enfermos em estágio de recuperação.

Particularmente, mantive-me na maior parte do trajeto até a Colônia em silêncio, catalogando no painel de minhas imagens mentais os olhares sofridos dos assistidos no Posto de Atendimento.

Reflexionava o quanto as criaturas vinculadas às experiências humanas careciam ampliar o horizonte de suas visões, retidas que estão na busca desenfreada, a todo custo, dos gozos materiais. As paixões, os vícios, portanto as imperfeições produziam perturbações intensas na vida espiritual. Compreendia ainda mais a máxima que ouvira em várias oportunidades de diálogos na Colônia, segundo os ensinos de Jesus: a cada um segundo as suas obras.

As explanações ouvidas no Posto de Atendimento traziam-nos a lógica da evolução. Se errarmos, as Leis Divinas nos permitem a correção, se acertarmos, as Leis Divinas nos permitem a ascensão espiritual.

Alcançamos o portão central da Colônia, percebi que à medida que nos aproximávamos da Colônia, as vibrações sutilizavam, trazendo-nos a sensação de leveza. A respiração era mais suave. Os odores, mais perfumados. A brisa era mais refrescante.

O nosso grande amigo e benfeitor Santos transmitiu-nos as últimas palavras reconfortadoras, findando as atividades edificantes que todos nós, em estágio, pudemos participar, engradecendo nossos conhecimentos e aprimorando nossos sentimentos.

Despedimo-nos alegremente, caminhei por algum tempo, logo divisei o abençoado lar que vovô Antônio conquistara, fruto de seu labor na Colônia, reduto abençoado que acolheria nossa família.

Fui recebido efusivamente por vovô que, curioso, estava na expectativa de minha chegada, a fim de ouvir os meus relatos em torno da experiência que ocorrera em região externa da Colônia.

Com calma, em detalhes, informei ao vovô Antônio as bênçãos dos momentos vivenciados no Posto de Atendimento. Vovô escutava-me com atenção, com os olhos fixos aos meus. Terminando as minhas palavras, vovô me abraçou carinhosamente, dizendo-me:

– Vejo, meu filho, o quanto você tem se dedicado a estar bem, encontrando sua paz interior, assim, eu fico em paz também. Agora, descanse, desacelere seus pensamentos, para que desfrute dos efeitos dos seus primeiros passos rumo ao caminho de servir.

No outro dia, conforme estabelecido no Departamento Assistencial, prosseguiria em meus estudos. Em uma sala na área Administrativa do Hospital Central da Colônia, reuníamo-nos com a finalidade de adquirirmos recursos técnicos para o serviço de assistência aos pacientes internados.

Em diálogo com Francis, externei minha sintonia com o ambiente do Departamento Assistencial. Nosso amigo pode me orientar qual era o processo natural para buscar o aprendizado no Departamento.

Cumprindo as questões administrativas de controle do Departamento Assistencial, ingressei a uma nova turma de aprendizes.

A oportunidade que lograra de estudo e aprimoramento me facultou imenso bem-estar, sentia-me extremamente motivado.

Acompanhava-me, como não poderia ser diferente, a saudade de meus pais e meus irmãos.

Quando teria a permissão para vê-los? Evitava manifestar-me quanto ao tema, mas, um dia, caminhando pelo corredor do Hospital Central, deparei com a presença carinhosa de Carolina, cumprimentamo-nos, palavras rápidas, mas, antes de cada um seguir o rumo de seus compromissos, Carolina tocou suavemente meus ombros, falando-me com doçura e desvelo:

– André, sei o quanto a expectativa de reencontro com seus familiares vive intensamente em seus pensamentos e em suas emoções. Muito natural que assim você esteja. Não é apenas você, meu amigo, que se encontra neste estado emocional. Tenha paciência, seu dia chegará, pense nisso. Seu dia chegará, porquanto é missão desta Colônia que seus habitantes mantenham em clima de harmonia e serenidade o vínculo com os corações que ainda se encontram nas experiências humanas. Ninguém aqui está esquecido!

Suaves lágrimas rolaram em meu rosto, lágrimas de gratidão e de esperança. Abracei Carolina certo de que havia encontrado uma irmã do coração.

De todas as reminiscências que se fixavam em minha memória, desde a minha chegada à Colônia, uma lembrança sempre se fazia presente em minhas recordações: era a entrada do vovô Antônio em meu quarto, acolhendo-me amorosamente diante da notícia inevitável de meu desligamento do corpo físico.

Esse instante é de absoluta importância para todos que chegam à vida espiritual. O impacto da nova realidade é um processo em que cada criatura reagirá segundo suas condições emocionais, assim sendo, as equipes de assistência especializadas necessitam providenciar ações de conformidade a cada reação dos pacientes.

Justamente, uma das atividades de nosso programa de aprendizado era acompanhar uma das várias equipes que atendem os recém-chegados do mundo físico, onde eles receberão as informações de suas novas realidades.

Caberia a nós apenas observar, anotar, para depois dirimirmos possíveis dúvidas.

Ficou estabelecido que acompanharíamos o caso do Fonseca. Ele havia se desligado do corpo físico, após enfrentar um processo prolongado de doença.

Fonseca havia vivenciado uma provação delicada em sua última estada no mundo físico. Sua esposa e sua filha haviam passado por um grave acidente automobilístico, resultando no desvinculamento delas do corpo físico.

Pelas anotações que recebemos para nosso estudo, Célia e Soraia, esposa e filha, respectivamente, estavam acolhidas na Colônia há um pouco mais de 20 anos. Fonseca, no período de ausência de Célia e Soraia, lutou imensamente para manter-se em equilíbrio diante do ocorrido. Fonseca foi um homem trabalhador, íntegro, detentor de uma visão espiritualista da vida, sem se associar especificamente a uma religião.

A compreensão que detinha de que após a vida física a vida prossegue permitiu-lhe uma consistência moral para suportar o drama que se abateu em sua estrada. As lágrimas de saudade aos poucos se converteram na esperança do reencontro em outros domínios que sua fé, porém, não sabia determinar em detalhes como e onde aconteceria.

O histórico-resumo de Fonseca apontava o quanto Célia e Soraia se dedicavam a ampará-lo.

Quanto a elas, após superarem os primeiros instantes, despertando conscientemente na realidade da vida espiritual, reciprocamente, planejaram seus caminhos e labores na Colônia com a anuência dos instrutores.

Fonseca passara por um período de sono profundo, ao mesmo tempo que a área médica o atendia com auxílios específicos pertinentes à esfera espiritual onde está situada a Colônia.

Ao despertar, aos poucos, foi recobrando a própria consciência, tendo ciência de que estava em um quarto recebendo assistência. No momento adequado, o médico espiritual que lhe atendia informaria o seu real paradeiro...

Ao ler todas as informações a respeito de Fonseca, creio que não só eu mas os outros aprendizes se viram na pessoa do Fonseca, relembrando o despertar, apesar de que cada um tem suas particularidades.

Cada coração que desperta na Colônia terá suas emoções: uns ficam intactos, com o olhar imóvel, surpresos, pensando que estejam vivendo um sonho, outros imediatamente choram copiosamente, também surpresos. Não podemos deixar de identificar os que negarão a informação, exigindo uma postura cuidadosa das equipes de assistência, evitando assim qualquer informação retumbante, o que implicaria em graves traumas psicológicos.

Deslocamo-nos para a área onde se encontrava o Fonseca. Na entrada do quarto identificamos uma mulher madura e uma jovem expressando serenidade em seus olhares.

O assistente Lúcio esclareceu:

– São Célia e Soraia, ansiosas por reencontrar o nosso paciente em estudo, o Fonseca.

Aproximando-nos de Célia e Soraia, Lúcio as cumprimentou, apresentando-nos a elas. Salientamos que Célia e Soraia autorizaram nossa presença a título de aprendizado, no reencontro esperado, sem dúvida não só pelo Fonseca como também por elas.

Fomos informados que Fonseca estava ciente de seu desvinculamento do corpo físico. Recebeu a notícia com muita emoção, e após o pranto o envolver, perguntou por Célia e Soraia.

O médico espiritual, que lhe prestava assistência, acalmara a expectativa de Fonseca, informando-lhe que não demoraria o reencontro.

Estabelecidos todos os processos de controle e equilíbrio espiritual, Lúcio orientou mãe e filha:

– Célia! Soraia! Adentrarei o quarto, cumprimentando o Fonseca, como faço habitualmente; em seguida, vocês receberão a autorização para entrarem. Os nossos aprendizes me acompanharão.

Comigo estavam mais dois amigos, e ao comando de Lúcio, entramos no quarto, identificando um homem deitado, de expressão magra, na condição de um enfermo em convalescência.

Fomos apresentados ao Fonseca, o cumprimentamos com carinho. Após algumas palavras gerais, Lúcio observou:

– Fonseca, vejo-o mais disposto e isso muito me alegra!

– Realmente, Lúcio - respondeu prontamente Fonseca-, vejo que dia a dia vou me sentindo mais fortalecido, hoje consegui levantar, o que me deixou animado... Mas, Lúcio, o que me pesa...

Não deixando Fonseca terminar o seu raciocínio, Lúcio se adiantou:

– Fonseca, meu amigo... Hoje é um dia muito especial, você tem visita meu amigo, olhe!

Suavemente Célia abriu a porta do quarto e acompanhada de Soraia entrou no quarto; as duas estamparam contagiantes sorrisos. Só pude ouvir um grito.

– Célia! Soraia! Meus amores!

Acorrendo até a cama, Célia e Soraia, juntas, abraçaram Fonseca, ficando os três assim por um bom tempo.

Não podíamos também conter a emoção e a alegria do momento que presenciávamos.

Célia passou a confortar Fonseca, enquanto Soraia segurava as mãos do pai, acariciando-a com delicadeza.

– Fonseca, meu amor, acalme-se. Aproveitemos o tempo com serenidade. Estamos aqui ao seu lado. Acalmava Célia o esposo emocionado.

– Papai! Papai! Tranquilize-se. Sintamos com toda a intensidade do nosso amor o reencontro desta hora.

– Filha, minha filha, que saudade de vocês. Mas agora vejo que minha luta não foi em vão, aguardando este momento que sempre chega...

O momento do reencontro após a transitoriedade da ausência nos dois planos da vida acredito deva ser a explosão mais vigorante do amor que vive acrisolado no coração de cada um dos filhos de Deus.

Quantas explosões de Amor-Reencontro pulsam pelo Universo de Deus nas infinitas moradas que Ele criou, formando a sinfonia mais bela da Imortalidade?

25

VISITANDO MEU LAR

Os Espíritos familiares são os mesmos a quem chamamos Espíritos simpáticos ou Espíritos protetores?

"Há gradações na proteção e na simpatia. Dai-lhes os nomes que quiserdes. O Espírito familiar é antes o amigo da casa."

(*O Livro dos Espíritos* – Questão 514)

Antes de dirigir-me ao grupo de estudos no Hospital Central vinculado ao Departamento Assistencial, habituara-me a me deslocar até a região onde se situava belo manancial da natureza na Colônia.

Quando o alvorecer surgia, estava em um dos bancos acolhedores, vislumbrando as planícies, conectando-me com a força maior do universo: Deus.

Para mim, a paisagem que eu deslumbrava com o bom-dia do Rei Sol representava o fato diário mais significante aos meus olhos. Como não enaltecer nosso Pai, no espetáculo que a natureza me proporcionava?

Aquela semana marcaria os meus primeiros esforços nos estudos efetivos, dando início ao planejamento de minhas futuras atividades.

Diante dos novos compromissos de aprendizados, os

dias passavam celeremente. Mais um dia dedicado com êxito findava.

Estar na presença de vovô Antônio, quando as estrelas beijavam com sua luz a Colônia, era me abastecer de energias animadoras. Meu avô era um homem ativo e disciplinado, dizia-me que não podia perder um segundo sequer do tempo.

Estávamos dialogando quando, para minha surpresa, Francis se fez presente. A minha alegria se intensificou porque Cenira acompanhava o filho querido.

Abraçamo-nos fraternalmente, tratamos de temas gerais, quando então Francis observou:

– André, meu amigo, mesmo de longe tenho acompanhado sua dedicação, sua disciplina, que muito me felicita e a minha mãe também.

– Amigo, tenho oferecido o melhor de mim, em realidade, o muito que posso realizar é pouco comparado ao que tenho recebido de auxílio de vocês.

Francis e Cenira entreolharam-se sorrindo, acompanhados da atenção de vovô.

– Pois bem, amigo, trago-lhe uma notícia oficial do Departamento de Comunicação...

Arregalei os olhos, a respiração ficou mais forte, quase não me contendo na poltrona.

Antes que eu pronunciasse qualquer palavra, Francis antecipou-se:

– Calma, André! Nesse final de semana, o nosso amigo Santos, eu e um grupo de amigos estaremos nos deslocando para o ambiente físico em tarefas inadiáveis, assim sendo, você está devidamente autorizado a visitar seus familiares.

Não sabia se pulava, se saltava até a poltrona onde estava

sentado Francis, a emoção que advinha da notícia que mais esperava estremecia as minhas fibras mais íntimas.

Automaticamente, a visão de meus pais e meus irmãos desenhou-se em minha mente. Não consegui controlar as lágrimas, que corriam abundantes em meu rosto; também, não tinha presenciado antes tamanha emoção de vovô.

Francis, que mantinha o controle daquele momento, comentou esclarecedor:

– André, não se preocupe, o nosso amigo Antônio, seu avô nos acompanhará. Ele está habituado a essas incursões junto à esfera dos homens.

Com mais claridade no raciocínio, constatei que, desde minha chegada à Colônia, vovô não havia apartado da Colônia.

Como a ler meus pensamentos, Cenira participou do momento que tanto me tocava a alma:

– Sim, meu filho, é verdade. Nosso Antônio não participou de outras tarefas vinculadas a compromissos no mundo físico, desde a sua chegada. Digna de nota é a renúncia de Antônio que também tem seus anseios de estar o quanto possível com os seus familiares que se encontram no plano físico. Acredito que para não se interpor ao seu momento de adaptação e preparação íntima na Colônia, Antônio preferiu esperar você.

Sinceramente envolvido com as preocupações imediatas na Colônia, não me ative a esse importante e significativo detalhe. Vovô renunciara aos seus anseios, para não criar qualquer melindre ou tristeza em meu coração.

Agradeci meu avô, um tanto envergonhado com a minha falta de percepção; precisava estar mais atento ao que ocorria ao meu entorno.

Aquela noite junto aos amigos fora coroada de alegrias, recebi instruções dos cuidados que deveria observar. Minha visita, meu retorno ao Lar abençoado que tanto amava, deveria ser de compreensão e construção.

Em um domingo, bem cedo, partimos rumo à esfera física, acompanhado de Santos, Francis, vovô e outros amigos da Colônia, que também estariam realizando a primeira visita aos seus familiares.

A experiência da breve viagem, à maneira de um comboio dirigido e organizado por Santos, era bem diferente dos processos que nos conduziram até o Posto de Atendimento.

Seguimos rotas intensas e apoiado em vovô e em Francis, parecia que sonhava, pois volitava rumo ao mundo físico. Sensações novas repercutiam em meu corpo espiritual. À medida que nos afastávamos da Colônia, a vibração apresentava-se mais densa.

Francis e vovô Antônio me tranquilizavam!

Após a viagem rápida aportamos no bairro onde se encontrava a minha casa. Durante o percurso, outros integrantes tomaram rumos diferentes, atendendo às suas necessidades de se encaminharem para outras localidades no mundo físico.

Com o apoio de vovô Antônio que segurava as minhas mãos, divisei enfim o Lar abençoado.

Ainda era bem cedo, poucos transeuntes pela rua.

A expectativa era intensa, quando me vi na sala de casa. Observei os móveis. Respirei profundamente, sentindo o odor característico da casa. Quanto tempo não sentia o cheiro de casa? Foi quando escutei a voz daquela que me trouxe ao mundo, sustentando-me em seu ventre por meses, suportando as minhas traquinagens:

– João, precisamos aguentar. Um dando força para o outro.

A voz de mamãe partia da cozinha. Estava ela com papai no habitual café da manhã.

Não me contive, acorri prestamente até a cozinha.

Estava meu pai com os olhos marejados de lágrimas. Mamãe também estava com os olhos vermelhos.

Vovô, ao meu lado, a tudo observava. Sua presença me tranquilizava de alguma forma, mas, ao divisar meus pais, aproximei-me deles, gritando de saudade:

– Mamãe! Papai! Eu não morri. Estou aqui!

Abracei meus pais por longo tempo, endereçando-lhes palavras de coragem. Meus irmãos ainda dormiam. Aguardaria a presença natural deles para o meu abraço, apesar de saber que, de alguma forma estavam desprendidos pelo sono do corpo físico.

Retomei a lembrança de quando era pequeno, as várias bicicletas que havia ganhado. Lembrei-me das traquinagens quando soltava pipa. Eu chorava e sorria ao mesmo tempo.

Aos poucos, meus pais foram se acalmando. Vovô em condições melhores de apoio, transmitia à mamãe e papai vibrações de amor e de serenidade. Para minha surpresa, via que das mãos de vovô partiam raios de luzes que envolviam meus pais.

Teríamos aquele dia para observar o ambiente familiar. Despertos, abracei também meus irmãos.

Registrei que cada um reagia à minha ausência à sua forma de ser.

Mamãe e papai se esforçavam para se apresentarem bem aos meus irmãos e, vice-versa, mas o que me alentava era que a minha família se unia para o enfrentamento de minha ausência.

Segundo as informações do nosso amigo Santos, deveria manter a serenidade possível para que as minhas vibrações não influenciassem negativamente meus familiares.

Era um desafio, pois como não estremecer o coração naquele primeiro momento?

O abatimento de meus pais e meus irmãos de certa forma exercia em mim a natural preocupação.

Vovô havia me comunicado que, com o apoio de Santos, mamãe encontraria caminhos para asserenar a dor, não só dela, mas de todos na família. Tema que no futuro seria me apresentado minuciosamente.

Agora compreendia as palavras do Dr. Álvaro quando retornei para uma nova consulta, referindo-se dos cuidados que a Colônia pratica junto aos recém-chegados, ansiosos de reverem os seus familiares.

Indiscutivelmente, o tempo foi o meu melhor aliado, permitindo-me melhores estruturas emocionais, para ser capaz de viver o momento do reencontro com mais qualidade.

Não podíamos nos valer apenas do ímpeto de revermos a quem tanto amamos. Era preciso revê-los com o melhor de nós.

Colhia agora os frutos de minha paciência.

Importante salientar que minhas condições, mesmo que ainda deficitárias, permitiam-me em algumas situações captar as sensações que partiam de minha família.

Alternavam-se momentos de serenidade com os momentos íntimos de tristeza quando cada um recordava de minha ausência, vitimado pelo acidente.

Francis e Cenira haviam me instruído que o processo de sintonia entre nós do mundo espiritual e do mundo físico é uma construção que se estabelece com o tempo.

Acredito que mamãe entregaria-se à gostosa gargalhada se me visse insistente no ouvido dela, emitindo palavras para que ela me ouvisse e me sentisse. Diria com certeza: "André, você não tem jeito mesmo, entrego você a Deus."

Aos poucos, acalmei o coração, realizei o melhor de mim para confortar meus pais que sabiam em verdade que eu não iria desaparecer. De alguma forma, iria dar o meu ar da graça. Naquele domingo, então, iniciava-se a possibilidade de auxiliar e proteger a minha família, consoante as minhas possibilidades ainda diminutas.

À noitinha, nosso amigo Francis apresentou-se solícito, informando que chegara o momento do retorno.

Meus pais haviam se recolhidos para o descanso, Francis benevolente, disse-me, antes que partíssemos:

– André, acompanhe-me!

Adentramos o quarto de meus pais, Francis impôs a destra rente à cabeça de mamãe, pediu que eu me concentrasse e ajudando-me, sem que mamãe verbalizasse, escutei:

– "André, filho! Onde você está, meu filho? Como você está? Preciso saber, filho, como você está..."

Pelo impulso chamado amor, com inflexão na voz, ajoelhando rente à cama de mamãe, falei:

– "Mãe, eu estou aqui. Estou bem, mãe! Tudo ficará bem! Vou retornar sempre que possível."

Mamãe emitiu um suave soluço, acalmou-se, recebendo as minhas melhores vibrações, tendo a nítida sensação de que eu estava bem ao seu lado.

Despedi-me em um até breve, beijando mamãe, papai e meus irmãos.

Assessorado por Francis e meu avô retornei à Colônia. Divisei ao longe a Colônia, que esplendia em luz.

Quando nos aproximamos de casa, Francis tocou em meu ombro incentivando-me:

– André, sigamos em frente! O trabalho nos chama.

Abraçado com vovô Antônio, entramos em casa, o dia seguinte me aguardava com a continuidade do aprendizado para melhor servir no futuro, com Jesus e por Jesus!

A VITÓRIA DO CRISTO

Orlando Noronha Carneiro

por Espíritos Diversos

Benfeitores Amigos, em nome do amor, trazem mensagens de esperança e consolo, concitando–nos ao otimismo no enfrentamento das dificuldades.

Você encontrará nas páginas deste livro, convites à perseverança, tornando-se agente ativo da vitória de Jesus Cristo neste planeta abençoado, que constitui verdadeira escola de reeducação do ser.

OTIMISMO COM JESUS
Orlando Noronha Carneiro
pelo Espírito Nathanael

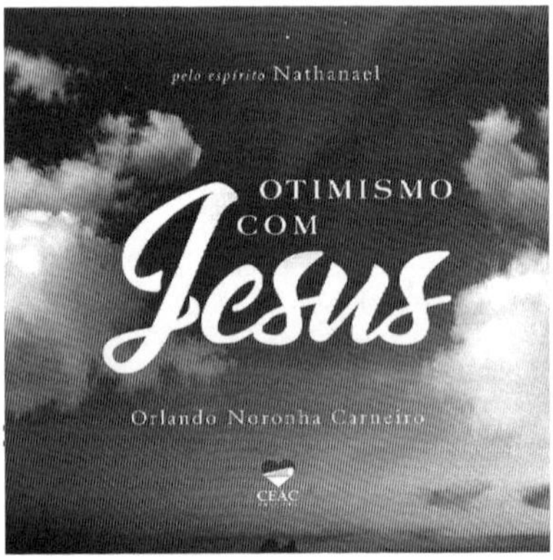

Prosseguindo em nossas despretensiosas reflexões em torno dos preceitos de Nosso Senhor Jesus Cristo à Luz da Doutrina Espírita, entregamos-te este trabalho singelo, convidando-te a estudar conosco os insuperáveis alvitres Daquele que constitui o Caminho, a Verdade e a Vida.

Jesus é o paradigma do otimismo no enfrentamento das aflições e dificuldades.

Que Ele seja a nossa perene inspiração, a mensagem de otimismo a acenar dia a dia, nos passos de nossa evolução.

LEVE-ME COM VOCÊ

Orlando Noronha Carneiro

pelo Espírito Nathanael

Leve-me com você significa levar o Evangelho de Jesus como teu companheiro inseparável por dentro do coração.

Contudo, necessitas caminhar cumprindo com os teus deveres.

Neste singelo trabalho que te entregamos, não tivemos outro móvel, senão expressar que sem Jesus ao nosso lado encontraremos tão somente os resultados infelizes que advém de nossas imperfeições.

CEAC
EDITORA